재조일본인 2세의
문학과 정체성

Literature and Identity of the Second Generation Japanese Colonizer in Colonial Korea

아연동북아
총서 _ 27

재조일본인 2세의 문학과 정체성

| 신승모 지음 |

아연출판부
고려대학교 아세아문제연구소

아연동북아총서 발간에 부쳐

탈냉전 이후 동아시아의 역동적 발전은 역내의 정치-외교, 경제 질서뿐만 아니라 문화, 사상, 종교 등의 제 영역에서 새로운 변화를 추동하고 있다. 이런 변화는 일국적 차원의 고찰로는 해명될 수 없는 복잡하고도 민감한 초국가적(transnational) 현상을 낳고 있다. 특히 동북아시아는 지리적 인접성, 공통의 역사-문화적 경험, 협력과 공존의 필요성 등으로부터 연유하는 초국가적 사고와 움직임이 활성화되고 있다. 이런 동북아에 대한 이해를 심화, 확대하고 새로운 해석과 전망을 제공하기 위해서는 국가별 연구나 학문 분과의 분절적 연구를 넘어 동북아시아를 분석의 단위로 삼는 다학문적·학제적 연구가 요청된다.

동북아시아 연구가 갖는 실천적 의미는 매우 중요하다. 주지하듯이 동북아시아는 세계의 어느 지역보다도 급속한 변화와 발전상을 보여 주고 있음에도 불구하고, 여전히 근대성의 문제와 냉전의 구도에 얽매여 있는 곳이다. 20세기 전반기의 제국주의 침략과 식민 경험은 오늘에도 국가적·민중적 기억을 지배하고 있다. 냉전의 산물인 남북 분단과 북한의 핵 위협은 동북아시아의 커다란 불안 요소가 되고 있다. 국가 간 역사 및 영토 분쟁 또한 동북아의 평화로운 발전에 장애로 남아 있다. 그러나 우리는 불편한 역사적 경험과 현재의 불안정이 다른 한편으로 동북아시아의 여러 구성 요소들을 상호 긴밀히 연결시키고, 그로부터 문제 해결을 위한 공통의 기반이 마련될 수 있음에 주목한다. 동북아시아는 대립과 갈등의 무대이기도 하지만 평화와 공존의 모색을 위한 토대이기도 하다. 이제 동북아 연구는 동북아가 처한 현실을 객관적으로 진단하고, 평화로운 미래를 건설하는 시대의 요청에 부응하지 않으면 안 된다.

고려대학교 아세아문제연구소(이하 아연)는 대표적인 동북아시아 지역 종합 연구소로서 학제 간 연구를 통한 동북아 지역 연구를 이끌어 왔다. 1957년 설립된 이래 아연은 구한국 외교문서와 공산권 연구 총서 및 동아시아 연구 총서, 중국 연구 총서, 한일 공동 연구 총서, 민주주의 총서 등 연구 성과의 체계적 집성을 통해 학문적 차원에서 현실을 진단하고 바람직한 미래의 방향을 전망하는 대학 연구소의 역할을 충실히 수행해 왔다. 2008년부터는 한국연구재단의 '인문 한국'(HK) 사업 해외지역학 분야의 지원 기관으로 선정되어, '동북아시아의 초국가적 공간: 사상·사회·문화·제도의 교류와 재구성'이라는 연구 어젠다를 중심으로 10년 기간의 대규모 프로젝트를 진행하고 있다. 이제 아연은 지난 50여 년 동안 축적된 연구 경험과 현재 진행 중인 '인문 한국' 사업의 성과, 각종 동북아 지역 연구 지원, 국내외 소장 학자 교류 지원 프로그램 등을 기반으로 해 〈아연동북아총서〉를 발간한다. 이 총서의 성과가 동북아 공동의 문제를 해결하고 조율하며 바람직한 미래를 모색하는 장이 될 수 있기를 기대하면서, 관심 있는 분들의 격려와 질정을 바랍니다.

아세아문제연구소장 이종화

책머리에

1876년 2월의 '강화도조약[朝日修好條規]' 체결로 가장 먼저 부산이 개항하면서,[1] 야마구치(山口), 나가사키(長崎), 후쿠오카(福岡) 현 등 주로 서일본 지역의 일본인들이 국가의 팽창하는 권세를 등에 업고 조선에 도항해 상업적 이권신장을 도모했다. 부산에 이어 원산(1880), 인천(1882)이 잇달아 개항하면서 이들 개항지에는 도항 일본인들이 모여 거주하는 소위 '거류지'가 형성되었는데, 1910년경까지는 서울(한성부)보다도 개항지의 일본인 인구수가 더 많았다. 한일 '병합' 조약이 체결되는 1910년이 되면 상황은 역전되어 서울의 일본인 인구비율이 가장 높아지고, 이 추세는 일본이 1945년 패전할 때까지 계속 이어진다. 1905년의 '을사조약'(제2차 한일협약)의 체결로 이른바 통감정치를 시작한 일본은 조선 식민 사업을 전문적으로

1_주지하다시피 조일수호조약은 무관세, 일본화폐유통, 치외법권, 영사재판권, 일본 조계 설정, 해도측량 등을 내용으로 한 불평등조약이었다. 이 조약을 통해 일본이 가장 먼저 부산을 개항하려고 한 이유는 일본에 가장 가까울 뿐 아니라, 에도(江戶)시대 이래 쓰시마(對馬)와 무역 거래를 하고 있어서 초량에 왜관(倭館)도 설치되어 있는 등 조선 내 타 지역과 비교해 볼 때 일본인이 활동하는 데 유리한 모든 조건을 갖추고 있었기 때문이다. 이 조약에 의해 1877년 부산구조계조약(釜山口租界條約)이 맺어졌고, 일본인 집단 거주지인 일본전관거류지(日本專管居留地)가 설치되었다(부산대학교 한국민족문화연구소, 『부산의 역사와 문화』, 부산대학교출판부, 1998, 144~145쪽 참조).

실천해 가기 위한 관료집단과 지식인 계층을 대거 조선으로 이주시키게 된다. 그 전까지 주로 상용(商用)을 목적으로 조선에 건너온 개항지 일본인 거류민들을 '자발적 식민자'라 정의한다면,[2] 1905년 이후 조선에 유입된 식민 지식계층은 '新渡來者'로 불린 '정책적 식민자'들이었다. 이들은 총독부 관료를 비롯하여 관공리(官公吏)나 교원 등의 학무직, 언론계, 의료계, 종교계, 상공직, 기술직 등 광범위한 분야의 종사자를 포함한 지식인 계층이었고, 이들의 대량 이주로 조선의 일본인 인구는 1905년 이후 급격히 증가하게 된다.

주목해야 할 점은 이들 '신도래자'의 정주가 시작되면서 재조일본인(在朝日本人)들의 조선에서의 삶에 대한 태도에 변용이 일어나기 시작했다는 사실이다. 조선을 일시적인 도항지 내지는 단기 체류지로 바라보던 감각에서 일상적 생활공간 내지는 정주지로 인식하게 된 것이다. 그 연장선상에서 그들은 단신부임이 아니라 가족을 데리고 조선에 건너와서 생활하기 시작했고, 이후 재조일본인 부부는 조선에서 거주하면서 경우에 따라서는 자신들의 아이를 출산해 양육하게 된다. 이처럼 36년이라는 긴 식민통치 기

2_개항지 일본인 거류민의 직업에서 가장 큰 비중을 차지한 업종은 단연 상업관련의 활동이었다. 가령 1880년 말의 부산 일본인 거류민의 직업을 비중이 높은 순서대로 나열해 보면 중개업, 무역상, 소매잡화상, 요리집, 음식점, 전당포(고리대금업), 선박도매상, 은행, 해상운송인, 여관 등의 순으로 이 중에는 두 가지 직종을 겸업하는 경우도 많았다(박헌철, 「개항기 부산항을 중심으로 본 일본인의 상업활동」, 부산대학교 석사학위논문, 1985, 49쪽; 高崎宗司, 『植民地朝鮮の日本人』, 岩波書店, 2002, 7쪽 재인용). 이 같은 추세는 원산, 인천을 포함하여 거류민시기 전반에 걸쳐 큰 변화가 없었다고 한다(高尾新右衛門, 『元山發達史』, 1916, 94~95쪽). '자발적 식민자' '정책적 식민자'라는 분류와 표현은 박광현, 「'재조선(在朝鮮)' 일본인 지식 사회 연구—1930년대의 인문학계를 중심으로」, 『일본학연구』 제19집, 단국대학교 일본연구소, 2006, 120쪽을 참조했다.

간 동안 조선에서 태어나 성장한 일본인 자녀를 가리켜 재조일본인 2세라고 지칭한다. 조선에서 자신의 유소년 시절을 지낸 재조일본인 2세들은 1945년 8월 일본이 패전함으로써 부모, 가족과 함께 일본으로 귀환하지 않을 수 없게 된다. 일본에서는 이를 역사적 용어로서 '인양(引揚げ)'[3]이라고 하는데, 패전 시점에 한반도 남부에 약 50만, 북부에 약 27만 명의 재조일본인이 있었다고 보고된다. 식민지 조선에서 생활하던 재조일본인에게 조선이 '외국'으로 변하고, 자신들이 '식민자'에서 '인양자'로 변하는 순간이 도래한 것이다. 그런데 일본의 패전 당시 10대 중반의 학생이었던 재조일본인 2세들 중에는 일본에 귀환하고 나서 전후의 일본에서 성인이 되어 작가로 데뷔한 사람들이 존재한다.

이 책은 1945년의 일본의 패전 후 '인양'이라는 체험을 거쳐 조선에서 일본으로 귀환한 재조일본인 2세들이 '전후(戰後)'[4]의 일본에서 어떠한 방

3_일본에서 표현하는 '인양'이란 1945년 8월 패전함에 따라 한반도나 타이완, 그리고 사할린 등의 식민지를 포함한 일본 열도 외부에 있던 일본인들이 일본 열도로 귀환한 것을 말한다. 하지만 나리타 류이치(成田龍一)가 지적한 바와 같이 '인양'이라는 표현에는 원래의 장소-고향으로 돌아간다는 수사를 통해 일본의 침략성과 패전의 기억을 소거하고 은폐하는 어법이 포함되어 있다. 한국어로는 '귀환'이라는 용어가 적절하겠지만, 이 책에서는 용어의 역사성을 고려하면서 그것을 비판적으로 검토하기 위해 필요한 경우 그대로 '인양'으로 표기한다(나리타 류이치, 「'고향'이라는 이야기·再說—20세기 후반의 '고향'과 관련하여」, 『한국문학연구』 제30집, 동국대학교 문화학술원 한국문학연구소, 2006 상반기 참조).

4_주지하다시피 일본은 패전 이후를 '戰後(센고)'라고 부르지만, 한국에서는 한국전쟁 이후를 가리킨다. 박광현은 한일 양국의 문학자들이 제국-식민지 시대의 기억을 어떻게 공적으로 재현하는지를 논의하면서, 양국에서의 '전후' 인식이 어떤 방식으로 제도적으로 자리하게 되었는가를 비판적으로 고찰한 바 있다(박광현, 「'전후'와 '센고戰後'—식민지 역사에 관한 기억/망각」, 『국제언어문학』 제10호, 국제언어문학회, 2004 참조). 이 책에서는 일본에서 지칭하는 '전후'라는 용법을 비판적으로 인식하면서 이 용어를 사용하고자 한다. 이하 표기에서 편의상 인용부호는 생략한다.

식으로 '조선'을 기억하고, 자신과 한국/북한의 관계를 어떻게 재정립해 갔는가라는 문제에 논점을 두고 그들이 전후에 발표한 작품과 활동, 그리고 그 의미를 종합적으로 검토하고자 한다. 이 책에서는 주로 일본의 패전 때까지 등단하지 않았던 재조일본인 2세들의 문학표현과 활동에 주목하는데, 이는 이들의 문학적 표현이 일본인 세대 간의 역사적 경험에 대한 기억의 분유(分有, sharing)와 계승을 가능하게 하는 텍스트로서 중요한 의미를 갖는다고 판단하기 때문이다.

식민지 시기 이미 등단해서 기성작가로 활동하던 기존의 재조일본인 작가들은 대부분 전후의 일본에서 작품 활동을 하지 못했거나, 하더라도 전전(戰前)에 비해 그 활동이 미약했다.[5] 이에 비해 일본의 패전 때까지 등단하지 않았던 재조일본인 2세들은 전후의 일본에서 유소년·소녀 시절의 조선체험과 '인양'의 기억을 문학적 출발점으로 삼아 다수의 작품을 발표한다. 이 책에서 다루고자 하는 고바야시 마사루(小林勝), 가지야마 도시유키

5_식민지 말기 '조선 유일의 문예잡지'를 표방한 『국민문학(國民文學)』을 작품 발표의 주 무대로 삼아 등장한 재조일본인 문학자 중에는 직업이 식민지 교사인 작가들도 있었다. 구보타 유키오(久保田進男), 미야자키 세이타로(宮崎清太郎), 오비 쥬조(小尾十三) 등이 그들인데, 그들은 재조일본인 교사의 경력과 경험을 바탕으로 작품 활동을 전개했다. 이들은 전전에 비해 전후의 일본에서는 그다지 작품 활동을 하지 못했다. 그 이유로는 패전과 동시에 자신들의 문학적 힘을 발휘할 수 있었던 '조선'이라는 시공간을 잃게 됨으로써 작가로서의 위치도 잃게 되었다는 사실을 들 수 있다. 또한 식민지 말기 그들은 어디까지나 조선을 포섭한 국민문학을 지향하고 있었기 때문에 단일민족 신화라는 이데올로기로 회귀하고자 했던 전후의 일본사회에서는 그 문학적 힘을 잃게 되었다고 볼 수 있다(신승모, 「'외지문학'에 나타난 신(信)과 불신(不信)—야기 요시노리의 「류짱후」와 오비 쥬조의 「등반」을 중심으로」, 『日本學硏究』 제27집, 단국대학교 일본연구소, 2009년 5월; 신승모, 「식민지 조선의 일본인 교사가 산출한 문학」, 『한국문학연구』 제38집, 동국대학교 문화학술원 한국문학연구소, 2010 상반기 참조).

(梶山季之), 고토 메이세이(後藤明生), 모리사키 가즈에(森崎和江) 등이 그들이다. 각 작가마다 형상화하는 주제, 또한 각 작품마다 작품성의 차이는 있으나 그들은 전후의 일본사회에서 자신들이 체험했던 '조선'에 어떻게 마주대하고 기억할 것인가, 또는 자신과 '조선'의 관계를 어떻게 재정립할 것인가라는 문제를 작품 속에서 치열하게 모색했다. 그들의 작품에서는 자신의 국가가 일찍이 '조선'에 대해 무엇을 해왔는가를 성인이 된 전후의 일본에서 깨닫고 느끼는 부채의식과, 조선에서 있었던 어린 시절의 다양한 개인적인 체험이 얽히면서 자아내는 복합적인 서사를 볼 수 있다.

이들이 자신의 체험과 사상을 표현할 수 있게 된 일본과 한국 내(간) 정치, 사회, 문학사적 맥락과 개개의 작품에 대한 심도 있는 분석이 요구되는데, 이 책에서는 이 작업과 더불어 조선체험과 기억, '인양'의 서사를 둘러싼 일본인 작가의 세대 간 차이와 집단적 정체성의 특징도 규명하고자 한다. 나아가 재조일본인 2세의 문학표현을 통해 식민지와 전쟁을 경험하지 않은 일본의 전후 세대가 이러한 역사적 경험에 대한 기억을 분유하고 계승할 수 있을지를 논의하는 데까지 연구범위를 확대하고자 한다. 그들의 문학적 영위는 전후의 일본사회에서 자신의 존재 의미를 되묻는 정체성의 모색이자 배외주의가 팽배한 일본사회를 비추는 거울이기도 했기 때문이다.

재조일본인에게 '인양'이라는 체험은 패전이라는 사건이 동반한 자신의 위치 변화이며, 새롭게 드러난 '타자'와의 관계 설정이자 이제까지의 관계를 재고하도록 촉구하는 것이었다. 그리고 그들이 전후의 일본에서 자신의 식민지 체험을 어떻게 재구성하는가라는 문제는 단순히 개인사적 차원의 논의에서 그치는 것이 아니라, 일본의 '전후'가 '제국'의 기억을 어떻게 재구해 왔는가라는 문제와도 긴밀히 맞물려 있다.[6] 최근 식민지 시기 조선에서 이뤄진 재조일본인의 문학 활동에 대한 연구가 의욕적으로 개진되어 왔다.[7] 이들 연구를 통해 1900년대부터 1940년대 제국 일본이 패전하기까지 한반도에서 전개된 재조일본인 문학의 성립과 확산 과정을 장르별, 매체별, 문단(기관)별로 조망할 수 있는 발판이 마련되었다. 하지만 조선에서 유소년 시절을 보낸 재조일본인 2세들이 전후의 일본사회에서 어떻게 '조선'을 표현하면서 자신들의 정체성을 모색했는지, 그리고 그것이 한 개인사의 기술을 넘어 전쟁과 식민지를 경험하지 않은 이른바 일본의 전후 세대에게 식민지 경험과 기억을 전하는(전할 수 있는) 문맥과 그 의미에 대해서는 아직 충분히 논의되었다고 말하기 힘들다. 이에 재조일본인 2세 출신자들의 문학과 정체성을 통합적으로 논의하고자 하는 이 책의 내용은 재조일본인 전체상에 관한 연구의 폭과 깊이를 한층 더할 것이다. 식민지에서 '내지'로 거대한 분류(分流)가 되어 이동한 일본인과 그 2세들의 경험을 소거하면 역사는 그 깊이의 일부분을 잃어버리게 된다. 특히 이 책은 재조일본인 2세의 문학과 사상이 지니는 존재론적인 의의와 그 역사적 의미를 논의하고 평가함으로써 재조일본인 연구의 다양성에 기여하고 그 전체상을 해명하는 데 일조하고자 한다. 이하 이 책의 구성과 각 장의 내용을 간략하게 소개해 둔다.

이 책의 제1장과 제2장에서는 우선 '조선' 체험과 기억을 둘러싼 일본

6_박광현, 「'전후'와 '센고戰後'—식민지 역사에 관한 기억/망각」, 『국제언어문학』 제10호, 국제언어문학회, 2004 참조.

7_대표적인 사례로 고려대학교 글로벌일본연구원 사업단이 근 10년 동안 수행해 온 재조일본인 일본어문학사 연구를 들 수 있을 것이다. 고려대 글로벌일본연구원 사업단 내의 〈과경 일본어문학·문화 연구센터〉는 10년 동안 수행해 온 재조일본인 문학사 연구 성과를 총망라하여 2017년에 연구총서를 출판했다. 跨境 日本語文學·文化 硏究會 편저, 『재조일본인 일본어 문학사 서설』, 역락, 2017.

인 작가의 세대 간 차이와 집단적 정체성의 특징을 대비적으로 파악하기 위해 제국-식민지 시기에 이미 등단해서 기성작가로 활동하고 있던 재조일본인 2세 작가 유아사 가쓰에(湯淺克衛)의 문학과 삶을 고찰한다. 재조일본인 2세 출신 안에서도 그 연령층에 따라 좀 더 세분화해서 논의할 필요가 있고, 이들에게는 전후의 일본에서 등단한 재조일본인 2세들의 작품 성향과 사상과 뚜렷이 변별되는 차이점이 있다고 판단하기 때문이다. 유아사 가쓰에는 식민지 조선의 수원에서 유소년 시절을 보냈고, 식민지 정주자(생활자)의 시선에서 수원의 풍경과 조선에 정착해 가는 재조일본인들의 삶과 정체성, 그리고 세대 간의 차이 등을 심도 있게 그려 냈기에 이 책의 내용과 범위에 포함시켰다. 시기적으로 그의 작품은 전전에 발표되었기 때문에 이 책의 구성에서도 제1장, 제2장에 배치했다. 제1장 「유아사 가쓰에 소설에 나타난 일본인 이주민의 정체성」에서는 수원이라는 환경과 공간을 배경으로 유아사 가쓰에 문학이 주제화했던 재조일본인 세대 간의 정착과정과 집단적 정체성의 차이를 파악한다. 제2장 「'조선시장'이라는 시공간과 재조일본인 2세」에서는 유아사 가쓰에 문학에서 자주 등장하는 조선인 시장이라는 시공간이 재조일본인 2세들의 정체성 형성에 어떠한 영향을 주었는지를 검토한다.

앞서 언급했듯이 일본의 패전 때까지 등단하지 않았던 재조일본인 2세 출신자 중에는 전후의 일본에서 자신의 유소년 시절의 조선체험과 '인양'의 기억을 문학적 출발점으로 삼아 다수의 작품을 발표한 작가들이 있다. 제3장 「전후 일본사회와 재조일본인 2세 출신자의 문학」에서는 전후 일본사회에서 재조일본인 2세 출신자들의 문학이 등장하게 되는 정치, 사회, 문학사적 맥락과 배경을 동시대 일본과 한반도의 정황을 살피면서 총체적으로 검토했다. 이는 재조일본인 2세 출신자들이 자신의 체험과 사상을 표현하게 되는 데에는 동시대 정치, 사회, 문학사적 맥락과 이들의 창작을 촉발시킨 외적인 동인(動因)도 개재해 있다고 보기 때문이다.

이러한 검토를 바탕으로 재조일본인 2세 출신 작가들 중 가지야마 도시유키, 고바야시 마사루, 고토 메이세이, 모리사키 가즈에 이상 4명의 작가들의 문학과 사상, 활동을 분석한다. 이들은 공통적으로 식민지 조선에서 직업을 얻은 부친의 영향으로 1930년을 전후해서 조선에서 태어난 재조일본인 2세들이다. 각각 경남 진주(고바야시 마사루), '경성'(가지야마 도시유키), 함경남도 영흥군(고토 메이세이), 대구(모리사키 가즈에, 고바야시 마사루), 경주(모리사키 가즈에) 등지에서 유소년 시절을 보냈다. 이들 작가에게 '조선'은 자신들의 '원향'임과 동시에 강렬한 '상흔(trauma)'이기도 했다. 자신의 국가가 과거에 조선에 저지른 일들을 성인이 된 이후 전후 일본에서 사후적으로 깨닫고 느끼는 부채의식과, 조선에서의 다양한 개인적인 체험이 얽히면서, 이들은 자신의 수합되지 않는 모순과 갈등을 문학적 표현과 창작활동을 통해 전후 일본사회에 알리고 토로하고자 했던 것으로 보인다. 이들의 문학적 표현과 사상이 근대 일본의 식민지 경험과 그에 따른 일본인의 역사적 '공동책무'[8]를 전후세대의 일본인들에게 다시금 환기시키는 추동력을 내부적으로 지니고 있다는 점에서 대단히 중요하다.

제4장 「가지야마 도시유키(梶山季之)의 '조선' 소재 작품과 전후 생활」에서는 전후에 등단한 재조일본인 2세 출신 작가 중에 가장 빠른 시기에 '조선' 체험을 소설로 쓴 가지야마 도시유키의 문학이 일단을 전후 일본사회의 상황과 관련하여 논의한다. 제5장 「고바야시 마사루(小林勝) 문학이

8_Viktor E. FRANKL, …*trotzdem Ja zum Leben sagen,* Deutscher Taschenbuch Verlag, 1998(초출 1947) 참조.

형상화하는 재조일본인 2세의 식민지 체험」에서는 고바야시 마사루 문학이 형상화하는 재조일본인 2세의 식민지 체험을 전전과 전후라는 역사적 맥락에서 고찰한다. 이어지는 제6장 「고바야시 마사루 문학의 역사적 '가교'로서의 가능성」에서는 고바야시 마사루 문학이 지닌 역사적 가교로서의 가능성에 주목하여 이를 전후 세대의 역사인식과 대비시키면서 논의를 전개한다. 제7장 「고토 메이세이(後藤明生)의 초기 작품군: 재조일본인 2세 출신자의 '기억' 찾기 여행과 '지금-여기'」에서는 고토 메이세이가 '조선'에서의 기억을 작품으로 쓰는 작업을 통해 전후 일본사회에서 재조일본인 2세 출신인 자신이 살아간다는 것의 의미와 정체성을 어떤 방식으로 찾으려 했는지를 검토해 본다. 제8장 「재조일본인 2세 여성의 식민지 경험과 정체성: 모리사키 가즈에(森崎和江) 작품을 중심으로」에서는 모리사키 가즈에 문학과 활동을 살피면서 재조일본인 2세 여성의 식민지 경험과 정체성을 역사적 문맥에서 논의한다. 종장에서는 '조선' 체험과 기억을 둘러싼 일본 작가의 세대론을 전개하면서, 재조일본인 2세 출신 작가들의 글쓰기가 갖는 역사적 의미를 통합적으로 검토할 것이다.

보론 「전후 재일한국인의 일본어 문학과 '다문화사회'」에서는 재조일본인 역사와 표리관계에 있는 재일한국인의 현재와 일본어 문학으로 눈을 돌려 최실의 작품 「지니의 퍼즐」을 중심으로 현대 일본사회가 표방하는 '다문화주의' 또는 '다문화사회'의 내실을 논의한다. 이 글은 넷우익과 재특회를 비롯한 극우세력들의 재일한국인에 대한 배외주의가 날로 심화, 격화되고 있는 현대 일본사회에서 재일한국인 문학이 갖는 의미와 역할을 검토하고 있다. 이 작업을 통해 현대 일본의 국가적 정체성(national identity)을 (재조일본인 연구와 더불어) 통합적으로 묻기 위해 이 책의 보론으로 수록했음을 밝혀둔다.

이 책에 수록한 글들은 필자가 최근 몇 년간 재조일본인 2세 출신자의 문학과 사상을 연구한 성과들의 집적이자 결산물이기도 하다. 여러모로 부족한 글들을 이렇게 단행본의 형태로 묶어 출판할 수 있는 기회를 마련해 주신 고려대학교 아세아문제연구소 동북아총서 편집위원회에 이 지면을 빌려 감사의 마음을 전한다.

끝으로 여러모로 부족한 나와 함께 해주는 가족, 그리고 부모님께도 감사의 말을 올리고 싶다.

2018년 2월

신승모

1장

유아사 가쓰에(湯淺克衛) 소설에 나타난 일본인 이주민의 정체성

> 실제로 나에게는 이곳[수원—인용자]을 제외하고 고향은 없다. 다감한 유년, 소년 시절의 거의 대부분을 이 마을에서 보냈으니까.[1]

1942년 7월에 출판된 유아사 가쓰에(1910~82)의 수필집 『반도의 아침(半島の朝)』에 실린 구절이다. 이 수필집은 그가 1936년부터 1942년까지 여러 잡지 등에 기고한 조선과 관련한 에세이들을 모아 출판한 책이다. 식민지 조선의 수원에서 자라 유소년 시절을 보낸 재조일본인 2세 출신의 작가 유아사 가쓰에는 일본의 전전(戰前)과 전후(戰後)를 포함해 일생 동안 자신의 고향을 '수원'이라고 명언했다. 조선(인)을 소재로 한 그의 수많은 작품 중에는 이 수원을 배경으로 한 것이 많다. 우선 주목해야 할 것은 '한일합방'을 전후로 일본 문학자들이 발표하기 시작한 조선 소재의 작품들이 작가 자신의 짧은 조선 체재와 체험에 기초한 여행기(여행소설)나 기행문의 수준에서 크게 벗어나지 못하는 한계[2]를 보인 데 비해, 1930년대 중반부터

1_湯淺克衛, 『半島の朝』, 三教書院, 1942, 155쪽.

발표되기 시작한 유아사 가쓰에의 소설은 오랜 기간 수원에서 살아온 경험을 바탕으로 식민지 정주자(생활자)의 시선[3]에서 수원의 풍경과 수원에 정착해 가는 재조일본인들의 삶과 정체성, 그리고 그 세대 간의 차이 등을 심도 있게 그려 냈다는 사실이다.

이 장에서는 근대 이후 수원으로 이주했던 일본인 이주민들의 이주 경험과 적응 및 정착 과정을 유아사 가쓰에의 소설을 통해 살피면서, 특히 작품 속에 나타난 재조일본인 1세대와 2세대 사이의 집단적 정체성의 차이와 그 특징을 논의하고자 한다. 이는 제국-식민지 시기에 수원으로 이주하여 정착한 일본인 세대 간에 뚜렷이 변별되는 정체성의 차이가 있다고 판단하기 때문이다. 우선 유아사 가쓰에의 생애와 문학 활동을 수원 생활과의 관련을 중심으로 검토하고, 다음으로 소설 작품 속에 나타난 이주민들의 삶을 주로 재조일본인 1세들의 정착 과정과 정체성의 양상을 중심으로 논의하고자 한다. 마지막으로는 재조일본인 2세들의 이야기를 주제화한 유아사의 소설을 중심으로 논의하면서 작품에 나타난 재조일본인 2세들의 정

2_이 같은 여행기로 도쿠토미 소호(徳富蘇峰)의 「平壌より義州」(1906), 나쓰메 소세키(夏目漱石)의 「満韓ところどころ」(1909), 다카하마 교시(高浜虚子)의 「朝鮮」(1911), 다니자키 쥰이치로(谷崎潤一郎)의 「朝鮮雜感」(1918), 다야마 가타이(田山花袋)의 「満鮮の行楽」(1924) 등의 작품을 들 수 있다. 이들 조선여행기에서는 관광하는 관찰자로서의 시선과 제국주의적 확장 정책에 공명하는 일본 문학자들의 태도를 확인할 수 있다.

3_박광현은 1930년대 후반에 들어 일본문단이 일본 외부로 눈을 돌려 식민지 정주자(생활자)의 시선에서 '외지문학'=식민지(민)를 소재로 한 문학을 양산하게 된 배경에는 4반세기 동안에 축적된 식민통치의 산물이라는 측면을 들 수 있다고 지적한다. 즉 소설의 장르적 특성상 여행기보다는 더 깊고 복잡한 인간관계나 일상의 경험이 필요하기에, 조선을 배경으로 한 소설이 등장하는 데는 더 많은 시간과 '제국' 의식의 축적이 필요했다는 것이다(박광현, 「유아사 가쓰에 문학에 나타난 식민2세의 조선」, 『日本學報』 제61집 2권, 한국일본학회, 2004, 488쪽 참조).

체성과 특징을 부각해 볼 것이다. 이 검토를 통해 수원이라는 환경과 공간을 배경으로 유아사 가쓰에 문학이 주제화했던 재조일본인 세대 간의 정착 과정과 집단적 정체성의 차이를 통합적으로 파악할 수 있기를 기대해 본다.

1. 유아사 가쓰에의 생애와 수원 생활

유아사 가쓰에(본명은 다케시猛)는 한일강제병합의 해인 1910년 2월 26일, 아버지 유아사 이헤이(湯淺伊平), 어머니 스미레(すみれ)의 장남으로 일본 가가와(香川)현 젠츠지(善通寺)에서 태어났다.[4] 세 살 되던 해인 1912년에 조선 수비대로 부임한 아버지를 따라서 처음으로 한반도에 건너와 경남 고성, 평북 겸이포 등에서 머무는데, 이때는 단기 체제로 곧 일본으로 돌아온다. 1916년 부친이 조선에서 순사 시험에 합격함으로써 가족 모두가 근무지인 경기도 수원으로 이주해 본격적으로 정착하게 되었다.

주지하듯 팽창해 가는 제국 일본의 권역(圈域)에 발맞추어 많은 일본인들이 '외지'=식민지로 이주했다. 제국-식민지 시기 한반도에는 총독부 관료를 비롯하여 관공리(官公吏)나 교원 등의 학무직, 언론계, 의료계, 종교계 등 지식인 계층부터, 인생의 새로운 활로를 찾고자 건너온 상공직, 농업이민 등의 서민에 이르기까지 광범위한 분야에 종사하는 다양한 계층의 일본인이 이주해 왔다. 특히 식민지에서 공직에 근무하는 일본인에게는 본봉 외에도 '외지 특별수당'이 가산되어 그 대우가 오히려 일본 국내보다 좋은

4_유아사 가쓰에의 연보적인 사항은 주로 梁禮先, 「湯淺克衛年譜」, 『カンナニ湯淺克衛植民地小說集』, インパクト出版會, 1995를 참조했다.

그림 1 유아사 가쓰에

경우가 많았고, 그의 부친도 1910년대 헌병경찰 제도하에 일본인 순사가 대거 필요해진 조선에서 새 직장을 얻어 수원으로 이주해 온 경우였다. 부친 이헤이는 몇 해가 지난 뒤 순사를 그만두고 상업에 종사하여 수원에서 물산상회를 운영하게 되는데,[5] 훗날 작가가 된 유아사 가쓰에는 자신의 부친을 모델로 하여 재조일본인 1세들의 정체성과 그 인생 역정을 그린 소설을 다수 발표한다. 이 작품군을 통해 수원에 이주한 재조일본인 1세들의 정착 과정과 삶을 살펴볼 수 있다.

수원에 이주한 1916년 당시 일곱 살이던 유아사 가쓰에는 수원공립심상소학교에 입학했고 이후 경성중학교[6]를 졸업하는 1927년까지 약 11년간을 수원에서 지냈다. 수원에서 감수성이 풍부한 유소년 시절을 보낸 유아사는 1928년 와세다(早稲田)제일고등학원(현 와세다대학)에 입학하면서 도쿄(東京)로 이주했는데, 1945년 일본의 패전으로 영구 귀환할 때까지 수원의 집을 오갔다.[7]

5_酒井政之助, 『水原』, 酒井出版部, 1923에 실린 유아사 이헤이의 경력을 참조했다.

6_조선총독부립 경성중학교는 일본인 자제의 중·고등교육 과정을 담당했고, 일본인만이 들어갈 수 있는 식민지의 학교였다. 유아사는 경성중학교에 입학한 뒤 수원에서 '경성'의 경성중학교까지 매일 기차로 통학하다가 후에는 학교 기숙사에 들어가게 된다. 덧붙여 작가 나카지마 아츠시(中島敦)가 유아사의 경성중학교 동급생이었는데, 다니자키 쥰이치로(谷崎潤一郎)의 『치인의 사랑(痴人の愛)』이 유아사의 기숙사 책상에서 발각되어 정학처분 받을 뻔한 것을 같은 반이던 나카지마의 중재로 도서관 감금 정도의 처벌로 해결되었다는 일화가 있다.

7_대학 재학 중에 유아사는 방학 때마다 수원의 아버지 집으로 돌아왔는데, 그는 이를 두고 '귀성'이라 표현했다. 湯淺克衛, 「關釜連絡船 その他」, 『半島の朝』, 三教書院, 1942, 113쪽.

1935년 4월호 『문학평론(文學評論)』에 식민지 조선의 현실을 비판적으로 표현한 데뷔작 「간난이(カンナニ)」[8]를 발표하면서 본격적인 작가활동을 시작한 유아사는 조선, 특히 자신이 소년 시절을 보내고 성장한 수원을 무대로 재조일본인의 정착 과정과 집단적 정체성을 형상화한 작품을 다수 남겼다. 이 같은 작품 속 테마는 그 자신이 조선 이민 2세로서 자신의 '기원'을 표현한다는 자연스런 내적 동기에서 온 것이다. 특히 작가로서 유아사 가쓰에는 동시대 다른 일본인 작가들과는 변별되는 자신의 혼종적인 존재의식을 스스로 뚜렷이 의식하고 이를 피력했는데, 가령 그는 자신의 존재론적 위치를 "일본과 조선의 관절인 자신"으로 표현한 바 있다.

> 가령 고향이라는 생각 하나만으로도 그렇다. 경기도 수원을 둘도 없는 고향이라고 적어서 검열관 한 사람으로부터 의심과 증오를 받은 적도 있었다. 하지만 어떤 경우에도 나는 일본과 조선의 관절인 자신을 의식하고 있었고, 또한 그것이 숙명인 것처럼 생각하고 있었다.[9]

8_1935년 4월호에 발표된 「간난이」는 발표 당시 3·1운동을 다룬 후반부 46매(전체 11장 중 제6장 이하)가 전부 삭제된 것을 비롯하여, 5장에서 12행이 삭제되고 전체 20군데가 복자(伏字)로 처리되어 게재되었다. 삭제된 후반부가 복원된 것은 1946년에 고단샤(講談社)에서 발행된 유아사의 전후 첫 창작집 『간난이』를 통해서였다. 하지만 원래의 유일한 원고가 분실되었기 때문에, 전후 그 삭제부분을 복원하는 작업은 '복원'이라기보다는 재창작 또는 개작의 수준에서 이루어진 것이었다. 「간난이」의 복원작업에 대해 논의한 기존의 연구에서는 이 점을 지적하면서 국책에 협력한 전중까지의 자신의 정치적 책임을 모면하려고 하는 유아사의 의도가 복원작업에 개입되어 있다고 비판한다. 다만 10년 이상이나 지난 시점에서 처음과 완전히 똑같이 복원한다는 것은 사실상 불가능함에도 불구하고, 복원된 후반부(6장부터 11장)와 초출의 전반부 사이에 단층이 느껴지지 않을 정도로 자연스러운 복원이 이루어져 있는 것은 사실이다. 「간난이」의 복원 경위와 이에 대한 논의는 신승모, 「'인양(引揚)' 후의 유아사 가쓰에 론—연속해 가는 혼효성(混淆性)」, 『日語日文學硏究』 第71輯 2卷, 韓國日語日文學會, 2009, 297~301쪽 참조.

"수원을 둘도 없는 고향"으로 간주한다는 말 그대로 유아사의 작품 속에 묘사되는 조선은 수원을 배경으로 한 것이 많다. 작품 속에서 수원이라는 공간은 팔달산, 사대문(팔달문, 장안문, 창룡문, 화서문), 화홍문, 화천, 조선인 시장, 북지(北池), 수원신사, 연무대 등 다채로운 면모를 보이면서 서사의 무대로서 곳곳에 배치된다. 또한 단순히 무대나 배경으로서만이 아니라 작품 속 사건이나 내용과 긴밀한 관계를 맺으면서 특별한 의미를 지닌 장소로서 엮어져 있다. 가령 유아사의 「간난이」에서 수원은 작품 속 무대로서 조선인과 일본인이 잡거(雜居)하는 공간으로 묘사되는데, 조선인·일본인 아이들의 놀이터가 되는 팔달산, 화홍문을 지나는 결혼식 가마행렬, 화천을 따라 걷는 산책, 장안문 밖에 있는 북지에서의 낚시, 사가리(四街里) 거리에 4일에 한번 서는 시장 구경 등 수원의 풍물과 정경이 사람들의 일상생활 속에서 구체적인 모습으로 생생하게 약동하고 있다. 또한 3·1독립운동과 4월 15일에 일어난 수원 근교의 제암리 학살사건을 작품 속에서 성곽 내 팔달문과 공자묘 사이에 실제 있었던 프랑스교회(성공회교회) 방화사건으로 형상화하여 다루거나,[10] 결말에서 독립운동 와중에 행방불명된 조선인 소녀 간난이[李橄欖]의 피 묻은 소지품이 창룡문의 북쪽에 있는 연무대 부근에서 발견[11]되는 등 수원의 공간은 플롯상의 주요한 사건이 일어나

9_湯淺克衛,「作品解說と思ひ出」,『カンナニ』, 大日本雄弁會講談社, 1946. 이 글에서는 池田浩士 編,『カンナニ湯淺克衛植民地小說集』, インパクト出版會, 1995, 521쪽에서 재인용했다.

10_덧붙여 일본인 작가가 3·1운동과 제암리 학살사건을 소설 작품 속에서 다룬 경우는 필자의 좁은 조사에 한하자면 이 유아사의 「간난이」와, 재조일본인 2세 출신의 작가 가지야마 도시유키(梶山季之)의 「이조잔영(李朝残影)」(1963)이 유일하다. 이 사건을 형상화한 작가들의 문제의식만으로도 작품이 갖는 의미는 적지 않다.

11_직접적으로 묘사되지는 않지만 간난이는 "군도를 휘두르는 아저씨들", 즉 일본군 헌병에게 살해당한 것으로 여겨지는데, 간난이의 소지품이 발견된 곳이 병사를 훈련하는 장소인 연무

고 전개되는 데에 필요 불가결한 요소로서 단순한 배경 이상의 의미를 지닌다.

유아사 가쓰에는 자신의 고향=조선의 수원에 대한 심상을 작품 속에서 자신의 목소리를 통해 피력하기도 했다. 가령 에세이 「고향 전전(故郷轉々)」(1941)에서는 징병검사를 위해 자신의 본적지이자 아버지의 출생지인 도쿠시마(徳島)현을 방문한 이야기, 그리고 소학교와 중학교 시절 일시 귀국할 때 어머니의 출신지이자 친정이 있는 에히메(愛媛)현에 간 일 등이 회고되는데, 양친의 출신지 그 어느 쪽도 유아사에게 '고향'이라 부르기에는 무언가 부족했던 모양이다.

> 이윽고 나의 고향은 내가 성장한 조선 중부의 마을로 의젓이 자리 잡혔다. 그 마을을 제외하고는 적어도 고향이라 부를 토지는 나에게 없는 것이다.[12]

이 「고향 전전」에는 수원 화성의 성곽과 성벽, 분묘 등을 배경으로 전쟁놀이와 숨바꼭질을 하거나, 이왕직 목장(대한제국 황족의 의전을 담당한 기구인 이왕직이 운영한 목장)에 놀러 가 홀스타인이나 앵글로아랍, 포니 같은 말과 가축을 구경하던 일, 조선인의 가을 풍년제 행렬을 따라다니며 어른들의 춤을 덩실덩실 흉내 내던 소년 시절의 추억들이 아로새겨져 있다. 또한 대학 시험을 치르기 위해 도쿄로 상경하던 때의 열차 안에서의 일도 기술되는데, 그 상황은 단편 「고향에 대해서(故郷について)」(1942)에서 다음과 같이 형상화된다.

대 부근으로 설정된 것도 상징적인 처리다.

12_湯淺克衛, 「故郷轉々」, 『半島の朝』, 三教書院, 1942, 109~110쪽.

> 중학교를 졸업하고 수험을 위해 상경하고 있던 열차 안에서, 같이 타고 있던 승객들이 우리들 3, 4명의 중학생에게 물었다. "학교는 어디입니까?"
>
> "경성입니다. 경성중학입니다." 우리는 학교 이름을 자랑스러운 얼굴로 대답했다.
>
> "아 그렇습니까, 나는 내지인인가하고 생각했어요. 그렇습니까, 고향은 조선입니까."
>
> 우리는 모두 불쾌한 표정을 지었다. 그중에서도 가장 불쾌한 표정을 한 한 친구가 장황하게 자신의 본적지랑 아버지의 집안을 말했다. "중학이라는 것은 내지인만을 모아 놓은 겁니다. 조선인학교는 고등보통학교라고 하는 거예요."
>
> "그렇습니까. 이거 실례했습니다. 아무래도 말투를 들어 보아도 그렇게는 여겨지지 않았거든요. 그만 무심코." 듣던 사람이 미안해했다. 중학생인 것도 있어서 그 자리 기분은 풀어졌고, 다시 처음같이 유쾌한 어조로 모두는 그 사람에게 조선의 풍물 등에 대해 얘기해 주었지만, 나는 이상한 감정이 아직 가시지 않는다. 고향은 조선입니까—라는 질문을 받고서 왜 모두는 그다지도 갑자기 불쾌한 표정을 지었던 걸까? 왜 "네, 그렇습니다"라고 주저 없이 쾌활하게 대답할 수 없었던 걸까? 그럼, 너희들의 고향은 어디에 있는 거냐?[13]

앞의 상황은 경성중학교를 갓 졸업한 재조일본인 2세들이 일본 국내의 대학(고등학원)에 진학하기 위해 수험 차 도쿄로 향하던 열차 안에서의 일인데, 기를 쓰고 자신들의 고향이 일본 내지임을 강변하는 동급생 친구들과는 달리 유아사는 자신이 자라나고 생활한 조선(수원)을 제외하고 그럼 도대체 어디가 고향이겠냐며 반문한다. 다만 조선의 수원을 자신의 둘도 없는 고향으로 간주하는 유아사의 의식도 도쿄로 '상경'한다는 표현에서 알

13_湯淺克衛, 「故郷について」, 『青空何処まで』, 東亞公論社, 1942. 이 글에서의 인용은 池田浩士 編, 『カンナニ湯淺克衛植民地小說集』, インパクト出版會, 1995, 457~458쪽.

수 있듯이, 중앙=수도로서의 도쿄와 지방=고향으로서의 수원이라는 동시대 제국 일본의 문화지정학적인 판도에 그대로 수렴되고 있음을 확인해 두어야겠다.

유아사 가쓰에에게 수원이라는 장소가 갖는 의미와 역할을 '모태(母胎)로서의 수원'이라 표현한 연구가 있다.[14] 실제로 조선(인)을 소재로 한 유아사의 많은 소설과 수필 등의 작품을 통해 그의 수원에 대한 일관된 애착과 정열을 확인할 수 있고, 문학적 주제 면에서도 수원은 유아사 가쓰에라는 작가가 탄생하고 성립하는 데에 필수 불가결한 조건이다. 유아사는 일본 문단에서 작품을 발표하는 한편으로 조선 문인·예술가들과도 활발히 교류했고, 세계적인 조선인 무용가 최승희 부부와의 개인적인 친분에서 최승희의 반생을 그린 작품을 발표하기도 했다.[15] 도쿄에서의 공습을 피해 1944년 5월부터 가족과 함께 수원 집에 돌아와 있넌 유아사는 패전 직전인 1945년 8월 9일 조선인 작가 한설야의 용태가 나쁘다는 소식에 함흥으로 병문안을 갔다가 돌아오는 도중 '경성'에서 일본의 패전을 알게 된다. 서둘러 가족이 머물고 있던 수원으로 돌아온 유아사는 그 후 가족과 함께 '인양'을 거쳐 1945년 9월 25일에 일본으로 귀환한다. '인양' 당시 가능하다면 그대로 수원에 남는 것이 유아사의 희망이었다고 하는데,[16] 패전 직후부터

14_南富鎭, 「第四章　母胎としての水原」, 『近代文學の＜朝鮮＞體驗』, 勉誠出版, 2001 참조.

15_湯淺克衛, 「怒涛の譜—舞姫・白聖姫半生記」, 『週刊朝日』, 1935년 8월 4일~25일 연재; 湯淺克衛, 『舞姫記 崔承喜の半生』, 文明社, 1947; 湯淺克衛, 「舞姫の追憶」, 『對馬』, 出版東京, 1951.

16_유아사 자신은 "마지막까지 만류되는 채 거취를 정하지 못하던 나도 아버지를 따라 귀국하게 되었다"라고 당시를 술회하고 있다. 조선에서 귀환할 당시 조선인 폭동의 위험이 없을지 걱정하여 묻는 아내에게 유아사는 "폭동 속에서 죽는다면 바라던 바가 아닌가"라고 농담처럼 대답했다고도 한다(湯淺克衛, 「作品解説と思ひ出」, 『カンナニ』, 大日本雄弁會講談社, 1946;

'인양'-귀환하기까지의 과정과 당시의 심정 등은 소설 「깃발(旗)」(1946), 르포 기사 「외지인양자(外地引揚者)」(1946) 등의 작품에서 그려지고 있다.

일본으로 귀환한 후에도 유아사 가쓰에는 「간난이」를 비롯하여 조선(인)을 소재로 썼던 자신의 전전의 작품들 중 20편 이상을 전후의 작품집에 다시 수록하여 일본과 남미에서 출판하는 한편, 조선(한국)과 관련된 에세이, 기행문, 평론, 문학작품 등을 다수 기고, 발표한다. 이 같은 문학 활동 외에도 유아사는 일한친화회(日韓親和會)[17]라는 단체의 창립 멤버로 그 나름대로 한국과 일본의 관계 회복과 우호친선에 공헌하려고 노력하는 한편, 전후 일본인의 브라질 이민사업에 큰 관심을 갖고 적극적으로 참가했다. 특히 일본인의 남미 이민에 대한 그의 관심과 사업 활동에는 조선 이민 2세 출신으로서의 체험과 존재의식이 깊이 결부되었다고 여겨지고, 전전에서 전후에 걸쳐 연속해 가는 그의 지향성을 볼 수 있어 흥미롭다.

> 그런 식으로 저는 2세인 겁니다. 최근에 브라질 등에 가보면 2세는 이미 브라질 사람으로 일본사람이 아닙니다. 그 사람들을 처음 만났을 때에, 얼굴은 이미

池田浩士 編, 『カンナニ湯淺克衛植民地小說集』, インパクト出版會, 1995, 524~525쪽).

17_1952년 6월 도쿄에서 창립된 일한친화회는 설립 당초부터 한일 양국의 '친화'와 우정을 문화교류를 통해 도모하는 친선단체임을 표방했고, 이 단체의 활동에는 유아사 가쓰에를 포함해 많은 재조일본인들이 참가했다. 일한친화회는 기관지 『친화』(월간, 창간호 1953년 11월)의 발행을 비롯해, 오무라(大村)수용소의 조선인 가석방자 보호사업, 재일조선인 상담역 등 재일조선인을 원조하는 활동과, 재한국 일본인 아내의 일시귀국, 밀항자 한국인 유학생의 보증, 한일문화 교류에 관련된 각종 강연회와 한국어 강좌의 개최 등 다방면의 사업을 펼쳤다. 하지만 발족 자체가 제1차 한일회담(1951년 6월)이 시작된 것을 기념하는 성격의 것이었고, 그 활동은 언제나 양국의 국교정상화가 체결되기까지 일본의 정치적 동향에 민감하게 반응하고 그에 따르는 성향이 강했다고 볼 수 있다. 일한친화회는 한일기본조약이 체결되고 난 다음해인 1966년에 일본 외무성(外務省)으로부터 사단법인 허가를 받는다.

일본의 젊은이 얼굴과는 다른 겁니다. 처음에는 얼빠진 것처럼 느껴집니다만, 길게 4개월이나 오지에 갔다 돌아와 보면, 그 얼굴은 그 토지에 어울리는 매우 아름다운 얼굴로 보이기 시작합니다. 때문에 우리들은 아마 조선과 같은 얼굴을 하고 있을 거라고 생각합니다.[18]

이처럼 브라질 이민자들을 언급하면서 "그 토지에 어울리는 매우 아름다운 얼굴"이 된 일본인 이주자 2세들의 성장에 공감을 표명하는 유아사는 자신도 일찍이 조선 이민 2세로서 "조선과 같은 얼굴을 하고 있다"고 명언했다. 사실 유아사 가쓰에는 일본의 식민지 정책을 비판하는 입장에서 그 부당성을 우회적으로 묘사한 초기 작품군을 남기면서도 1940년대 전반기에 문학을 통해 조선의 황민화를 추진했기 때문에, 해방 후(일본의 전후) 유아사와 그의 작품에 대한 평가는 주로 식민지 체제에 협력했던 정치적 태도를 윤리적으로 비판하는 경향이 강했다. 이 같은 비판은 물론 유아사 가쓰에라는 작가의 전중까지의 문학적 영위와 그 정치적 책임을 평가하는 데에서 가장 선행되어야 할 작업임에는 틀림없다. 다만 "일본과 조선의 관절"이라는 자신의 존재론적 위치를 의식하면서 전후를 포함해 일생 동안 '조선'과 '이민'을 계속 묘사한 유아사의 지향성은, 전시 중의 시대 속에서 왜곡되면서도 전전에서 전후에 걸쳐 그의 정치적인 태도의 변화와는 다른 차원에서 연속하고 있었다고도 보인다. 그리고 유아사의 경우 그 혼종적인 존재의식과 지향성이 결정적으로 형성·응결된 곳은 바로 자신이 유소년 시절을 보낸 원향(原鄕)으로서의 '수원'이었다. 그렇다면 소설 작품 속에서

18_湯淺克衛, 「座談會 朝鮮への郷愁—初秋のよるに語る」, 『親和』 59号, 日韓親和會, 1958년 10월, 2~3쪽.

수원에 정착해 가는 일본인의 삶과 정체성은 구체적으로 어떠한 것이었을까? 다음에서는 주로 재조일본인 1세들의 정착과정과 집단적 정체성의 양상을 중심으로 이를 논의하고자 한다.

2. 소설에 나타난 일본인 이주민들의 삶

유아사의 소설에서 수원에 정착하는 일본인 이주민 1세의 삶을 주제로 하여 묘사한 작품에는 「불꽃의 기록(焔の記録)」(1935), 「성문의 마을(城門の街)」(1936~37), 「망향(望郷)」(1938) 등이 있다.[19] 이 중 「성문의 마을」과 「망향」 두 작품은 인물 설정과 조형에서부터 서사구조까지가 서로 유사하고, 「망향」은 잡지 연재 중 미완으로 끝난 장편 「성문의 마을」의 후속편으로서의 면모를 띤다. 이 두 작품은 재조일본인 1세들의 삶과 귀속의식의 거처를 주제화하는데, 특히 「망향」은 식민 본국에 대한 향수와 수원에 정착하는 것 사이에서 겪는 내면적 갈등이나 2세들과의 세대 차이 등을 섬세하게 그려 내고 있어 주목해야 할 작품이다.

우선 일본의 문예잡지 『인민문고(人民文庫)』의 1936년 12월호부터 37년 5월호까지 총 5회에 걸쳐 연재된 장편소설 「성문의 마을(城門の街)」은 그 제목에서도 표현되고 있듯이, 사대문으로 둘러싸인 수원 화성이 무대이자 중요한 역할을 하는 작품이다. 작품의 첫머리에서 주인공인 본페이가

19_조선에 이주해 정착하는 재조일본인 1세의 삶을 묘사한 소설에는 이외에도 「이민(移民)」(1936), 「뿌리(根)」(1938) 등의 작품이 있으나, 작품의 무대가 되는 장소가 각각 함흥평야 부근의 북선(北鮮)과 청진으로 설정되어 있어 이 글의 논의에서는 제외했다.

사카이 마사노스케(酒井政之助)의 『발전하는 수원(發展せる水原)』을 읽으면서 그 책의 서언을 그대로 인용하는 설정[20]에서도 이 사실은 상징적으로 제시된다. 이 작품 집필에 앞서 유아사는 소품 「원산의 여름(元山の夏)」(1935)에서 "내가 지금 쓰려고 하고 있는 어느 마을의 변천의 역사"[21]에 대해 언급하는데, 이 「성문의 마을」과 「망향」 두 작품은 유아사가 쓰려고 한 것이 바로 수원의 변천 역사임을 보여 준다. 다만 그 '변천의 역사'라는 것은 작품 내용을 통해 확인할 수 있듯이 어디까지나 수원에 이주해 온 일본인들의 정착 역사이지, 그 땅에서 맥맥히 생활해 온 조선인들의 역사가 아님을 우선 지적해 두어야겠다.

「성문의 마을」은 화성의 성곽과 그 주변의 풍경을 세세하게 묘사하면서, 유아사 자신의 아버지의 반평생을 모델로 해서 조형한 본페이라는 인물을 중심으로 수원에 정착하는 일본인들의 인물 군상과 그 일상생활을 그리고 있다. 12~13명의 점원을 거느리고 식료품 잡화상을 운영하는 본페이는 전직 군인 출신으로 13년 전에 처음 조선 수원에 수비대장으로 부임해 왔을 때는 육군 중위의 신분이었다. 수원으로 오기 전에는 징병으로 러일전쟁에 참전했고 '만주'의 변경 수비를 비롯하여 '외지 근무' 만을 계속해 왔다. 이 같은 본페이의 경력은 실은 조선에서 정착하게 되는 재조일본인 1

20_작품 속에서 인용한 부분은 酒井政之助, 『發展せる水原』(사판, 인쇄는 일한인쇄주식회사), 1914, 1~2쪽의 서언이고, 사카이 마사노스케의 이름은 아카이 마사노스케(赤井政之助)로 바뀌어 있다. 작품 속에서 본페이는 이 아카이 마사노스케를 자신의 친구이자 변호사로 소개하는데, 실제로 사카이 마사노스케는 '조선 경기도 수원군 수원면 남창리'에 거주하면서 변호사로서 '사카이 마사노스케 법률사무소'를 운영하고 있었다.

21_湯淺克衛, 「元山の夏」, 『文學評論』 1935년 7월호; 池田浩士 編, 『カンナニ湯淺克衛植民地小説集』, インパクト出版會, 1995, 93쪽.

세의 하나의 전형으로서 유아사의 다른 작품 속에서도 비슷하게 변주된다.[22] '만세사건'=3·1독립운동 직전에 수원에 부임한 본페이는 사건 당시 인도적인 대처로 지역 조선인들 사이에서도 신망을 얻게 되고, 본페이도 3년간의 수원 병영생활을 통해 "완전히 이 마을이 마음에 들어 버려"[23] 이곳에서 정착할 결심을 하게 된다.

> 본페이는 자주 이 누각[팔달문의 이층 누각—인용자] 위에 올라가, 큰 종을 쳤다. 우왕왕하고 땅을 뒤흔들듯이 울리는 폭넓은 진동 소리를 듣고 있자면, 가슴에 치밀고 있던 울분도, 짙은 향수도 일시에 날아가서, 때마침 산 가장자리에 붉게 가라앉고 있는 석양이나 멀리 보이는 구릉의 기복이랑 부산 가도의 버드나무 가로수 길을 언제나 마음을 빼앗겨서 바라보곤 했다.(136쪽)

군인을 퇴역한 후, 지역 조선인 재력가들의 청탁으로 해산물회사의 대표지배인을 맡게 된 본페이는 마침내 수원을 자신이 거주할 '평생의 땅'으로 간주하고 본국에서 가족을 불러온다.

> 1년째에 본페이는 내지에서 처자를 불러왔다. 이제 점포의 기초도 흔들리지

22_가령 소설 「이민」에 등장하는 상인 가미대 기스케는 일본군 병사로 러일전쟁에 출정한 경력이 있는데, 기스케나 본페이처럼 러일전쟁에 참전했거나 '외지' 근무를 하던 일본군 병사 중에는 전쟁이 끝나거나 임기를 마치고 나서도 본국으로 돌아가지 않고 식민지화된 한반도에 남는 사람이 적지 않았다고 한다. 그들은 국가의 권세를 등에 업고 이권신장을 도모하는 상인이 되는 경우가 많았다.

23_湯淺克衛, 「城門の街」, 『人民文庫』 1937년 1월호. 이 글에서의 인용은 池田浩士 編, 『カンナニ湯淺克衛植民地小說集』, インパクト出版會, 1995, 136쪽에 준했다. 이하 「城門の街」의 인용은 이 책의 쪽수만 표기한다.

> 않을 전망이 생겼고, 분야가 다른 자신에게도 자신감이 붙었기 때문에 드디어 평생의 땅, 평생의 업으로서 안주하려고 했던 것이다.(142쪽)

하지만 일본 내지에서 온 아내 사토에는 풍속이 다른 이 수원에 좀처럼 적응하지 못하고 "3천 엔 모이면 돌아가요"(142쪽)라고 입버릇처럼 말하면서, 일본 고향의 해협에 임한 시가지, 어묵, 여름밀감 같은 풍물이나 음식을 떠올리며 향수를 달랠 뿐이다.

또한 지역의 조선인 재력가들도 자신들의 사업에 일본군 중위 출신이라는 본페이의 지위가 필요했을 뿐으로, 시간이 지나 새로운 회사를 차리자 본페이를 출장소장으로 좌천시키는 일이 발생한다. 회의를 느낀 본페이 자신도 일본으로 돌아갈 결심을 하는 와중에 관동대지진이 일어난다. 초기에 지진 피해가 과장되어 전해지면서 귀국을 망설이게 된 본페이는 퇴역군인인 자신이 본국으로 돌아간들 별다른 수가 없다고 보고 이곳 수원에서 "새로 사업을 시작할"(148쪽) 결심을 하고 현재의 식료품 잡화상을 개점한다. 이후 소설에서는 이전 해산물회사 시절의 수하 직원이었던 기시와다가 본페이에게 경쟁하듯이 같은 업종의 식료품 잡화상을 열고 장사를 시작하면서 일어나는 소소한 갈등과 본페이 가족의 일상, 그리고 수원에 거주하는 일본인들의 인생 역정이 간간이 묘사되고 있다. 다만 이 「성문의 마을」은 장편임에도 불구하고 미완으로 끝난 탓인지, 수원에 정착해 가는 재조일본인 1세들의 다양한 인물 군상은 형상화하였으나, 재(在)수원 일본인으로서 정체성을 만들어 가는 과정에서 발생하는 미묘한 심리의 묘사까지는 보여 주지 못하고 있다. 그 심리 변화의 과정과 양상을 잘 보여 주는 작품이 바로 「성문의 마을」 연재를 중단한 지 약 1년 후에 발표된 「망향」이다.

앞서 언급했듯이 「망향」은 「성문의 마을」과 인물 설정, 배경, 그 서사

구조 등이 유사하고, 후키야 고죠라는 재조일본인 1세의 수원 정착 과정을 중심으로 내용이 전개된다. 식료잡화상을 경영하는 한편으로 상공회의소의 회두(會頭)이자 청년단의 단장이기도 한 후키야 고죠는 수원에 정착하기 전까지는 러일전쟁에 종군한 이래 '만주' 수비대, 조선 수비대에서 복무해 온 군인으로서 마지막으로 주둔한 곳이 수원이었다. 수비대가 용산의 사단으로 이관하게 되면서 퇴역 후의 생활을 고심하던 후키야는, 빈농의 5남으로 태어난 자신이 다시 일본의 출신지 고향으로 돌아가도 별다른 전망이 없다고 보고, 수원에서 정착하고자 결심한다. 제대 후 군인 연금과 퇴직금을 밑천으로 해산물을 취급하는 식료잡화상을 시작한 후키야는 본국에서 아내 이토에와 딸 유미코를 불러들여 수원에서의 본격적인 생활이 시작된다. 아내 이토에는 「성문의 마을」의 사토에와 마찬가지로 처음에는 낯선 수원 환경에 적응하지 못하고 온돌방에 틀어박혀 (일본)거문고를 타며 고국의 악곡을 연주하는 것을 유일한 낙으로 삼고, "응, 3천 엔 모이면 돌아가요. 내년에는 모일까, 내후년에는 모일까"[24]라면서 계속 일본의 고향으로 돌아가고 싶어 한다.

> 이토에는 유미코가 밖에 나가 조선 아이들과 노는 것을 싫어해서 한시도 놓아주지 않고, 고향의 추억을 얘기하면서 들려주는 것이다. 거친 감촉으로 다가오는 마을의 공기에 익숙해지지 못하고, 온돌 방안에 틀어박혀서는 자주 열이 나서 몸져누웠다.(216쪽)

24_湯淺克衛, 「望鄕」, 『改造』 1938년 5월호, 改造社. 이 글에서의 인용은 池田浩士 編, 『カンナニ湯淺克衛植民地小說集』, インパクト出版會, 1995, 215쪽에 준했다. 이하 「望鄕」의 인용은 이 책의 쪽수만 표기한다.

여기서는 조선에 이민 온 1세대 사이에서도 이민에 대한 생각의 차이와 내적 갈등이 있음을 볼 수 있는데, 그것은 '고향'에 대한 심상의 차이로서도 가시화된다. 손바닥만 한 토지도 소유하기 힘든 가정의 5남으로 태어나 어려서부터 가족의 곁을 떠나 타관생활을 했던 후키야가 자신에게는 "이미 고향은 없는 것이나 마찬가지"(214쪽)라고 간주하는 데 비해, 아내 이토에는 자신이 나고 자란 오이타(大分)현의 호요(豊予)해협에 임한 고향 시가지를 그리워할 수밖에 없는 것이다. 그런데 이런 후키야 부부에게도 커다란 전기가 찾아온다. 수원에 온 지 4년째 되던 해에 이토에는 둘째 딸을 출산하게 되고, 후키야는 딸의 이름을 조선의 '선(鮮)'자를 따서 '아사코(鮮子)'라 짓는다.

> 힘찬 소리로 울고 있는 그 아기를 봤을 때에 고조는 드디어 확고하게 자리 잡았다고 가슴 속에 강한 덩어리가 느껴졌다. 조선의 선(鮮)을 따서 아사코(鮮子)라고 지어야지. 이걸로 마침내 자신의 발도 이 땅에 붙었다고 생각했다.(216쪽)

후키야가 둘째 딸 아사코가 태어난 것을 계기로 "드디어 확고하게 자리 잡았다"고 생각한 것은 이제 수원 땅에 정착했다는 실감을 가지면서 자신의 고향이 이곳으로 이행했다고 간주하는 재조일본인 1세의 심상을 표현하고 있음에 다름 아니다. 아사코의 출생은 이토에에게도 큰 전기가 되어 이토에는 거문고를 버리고 점포의 계산대 일을 맡아 가게 일을 돕게 된다. 하지만 이토에는 얼마 안 되어 과로가 겹친 데다 폐렴이 악화되어 쓰러지는데, 숨을 거두기 직전에 이토에는 아사코를 찾으며 다음과 같이 말한다.

> 이토에는 잠시 밝은 눈빛이 되면서 "아사코는 강하네"라며 미소 지었다. 그 미

> 소 속에 후키야 고죠는 이토에의 동경을 본 듯한 기분이 들었다. 옮겨 심은 나무 중에서도 이토에는 너무나 섬세한 아름다움이었다. 이 토지의 토양 속에서 우뚝 자라나 온 아사코와 같은 나무는 강인한 뿌리를 둘러쳐 갈 것이다. 어떤 메마른 흙덩이 속에서라도 양분을 듬뿍 흡수해 갈 것임에 틀림없다. 고죠도 이토에와 같이 희망을 아사코에게 보내고 있었다.(220~221쪽)

아무리 '이 땅'=수원에 뿌리를 내렸다고 해도 "옮겨 심은 나무"일 수밖에 없는 재조일본인 1세의 입장에 비해 아사코는 처음부터 "이 토지의 토양 속에서 우뚝 자라나 온" 새로운 인물상의 재조일본인 2세로서 묘사되고 있다. 강한 생명력을 지녔고 수원 땅에 일체화된 재조일본인 2세의 한 전형을 유아사는 이 작품에서 아사코를 통해 조형하고 있는 것이다. 후키야 부부는 자신들과는 달리 이 땅을 선천적인 '고향'으로서 지니게 된 아사코를 통해 수원에서의 삶의 희망을 딸에게 의탁한다. 박광현은 이 작품을 통해 장소에 의해 규정되는 아이덴티티가 피의 순수성보다 중요시되는 유아사 문학의 지향성을 읽어 내는데,[25] 아사코는 말하자면 "이 토지의 토양 속에서 자라나 온" 자연발생적인 아이덴티티를 지닌 '수원의 아이'로 성장할 것임이 예고되고 있는 것이다.

작품 속 서사는 20년 가까운 세월이 지나 초로의 나이가 된 후키야와 동년배의 일본인 남성들이 일본 내지의 벳푸(別府)에 별장을 지을 계획을 세우고, 모임에서 자신들의 별장이 들어설 부지의 사진을 함께 들여다보면서 감격스러워 하는 장면으로 이어진다. 여기서는 이미 20여 년 동안의 수

25_박광현, 「유아사 가쓰에 문학에 나타난 식민2세의 조선」, 『日本學報』 제61집 2권, 한국일본학회, 2004, 500쪽.

원 생활을 통해 자신들이 이곳에 완전히 정착했다고 간주하면서도, 한편으로 일본 내지를 동경하면서 언젠가 돌아갈지도 모를 때를 대비하는 재조일본인 1세들의 착종된 미묘한 심리를 볼 수 있다.

> 당번 간사인 마에다가 말했다. "… 실은 말일세, 처음에 내가 말을 꺼냈을 때에는 고작 1, 2명 응할 정도일 거라고 생각했어요. 하지만 호흡을 맞춘 듯이, 이의 없이 가결됐어. 놀랐지. 내지에 별장을 가진다는 매력은 이렇게나 강한 것일까 하고 말이야."
>
> "매력이라기보다는 아무래도 뼈에 사무친 동경일 거야." 힛힛 하고 웃는 버릇이 있는 변호사 구라타니가 예리하게 말했다. 음 하고 고죠는 신음할 기분이었다. 마지막 한 방을 맞은 듯한 기분이 들었다. 그는 무엇인가 회합이 있을 때마다 "이 토지를 분묘의 땅으로서"라면서 강연을 하고 있었던 것이다. 사실 그대로 굳게 믿고 있던 터였다. 이런 생각지도 못한 복병에게 시험받을 줄은 몰랐다.(224쪽)

이케다 히로시(池田浩士)는 이 작품의 저변에 흐르는 주제를 '내지'에의 향수와 조선에 뿌리 내리려 하는 힘의 갈등이라고 지적한 바 있는데,[26] 여기서는 모든 생활의 기반이 수원에 있고 이제 이 땅에 '뿌리를 내렸다'고 생각하면서도, '내지'를 동경하고 하다못해 자기 소유의 별장을 가지는 것에 감동하는 재조일본인 1세들의 상반된 심리와 모습을 볼 수 있다. 본국에 대한 이들의 굴절된 동경과 상념은 자식의 배우자로서 '내지'의 처자를 데려와 혼인시키려는 풍조에서도 볼 수 있다. 이 풍조에 대해 마에다는 "향수야, 좀 전의 예의 향수야. 내지의 것이라면 마마 자국도 보조개"(225쪽)라고

26_池田浩士, 「解說・湯淺克衛の朝鮮と日本」, 『カンナニ湯淺克衛植民地小說集』, インパクト出版會, 1995, 625쪽.

비꼬고, 구라타니는 "내지에 별장을 만드는 심리인 거지. 자칫 잘못해서 밥줄이 끊어지면 내지의 인척이 발붙일 곳이 된다고 하는"(225쪽)이라고 해석한다. 다름 아닌 후키야가 그런 풍조의 피해자가 되는데, 아사코와 정혼했던 동업자의 아들이 '내지'로부터 아내를 맞이하는 배신을 당한 것이다. 박광현은 일본인 이민 1세대는 조선을 고향이라고 의식적으로 강제하면 할수록 망향의 정이 깊어 간다고 지적했는데,[27] 어쩌면 수원과 본국 사이에서 이렇게 역설적이고도 혼재된 심리를 지니면서 살아갈 수밖에 없는 것이 재조일본인 1세들이 위치한 존재론적인 자리일 것이다. 본의 아니게 동업자 아들의 결혼식 피로연에 참석해 축사를 맡게 된 후키야는 행여나 말실수를 할까 봐 조심하지만 결국 다음과 같이 자신의 '본심'을 드러내고 만다.

> 본디 이 토지에 피어난 꽃은 자연스런 성장을 하고 있는 것이어서, 적당한 상대가 없다면 또 모르지만, 꽃들이 넘쳐 일제히 피고 있는데 유달리 고향의 것이 아니면 안 될 이치는 없는 셈입니다. 거기에는 제2진에 들어앉겠다는 타산도 있겠습니다만, 배척해야 할 비겁한 심리여서… (227쪽)

"이 토지에 피어난" 2세들의 성장에 공감을 표명하는 후키야의 대사는 그 자신 조선 이민 2세로서 "조선과 같은 얼굴을 하고 있다"고 명언하는 유아사 가쓰에의 생각을 그대로 전하는 것이다. 그리고 자연스레 이 토지에 뿌리를 내리고 늠름하게 자라난 꽃과 같이, 이왕직 목장의 앵글로 아랍을 능숙하게 타면서 눈부시게 수원 가도를 질주하는 아사코의 모습을 바라보

27_박광현, 「유아사 가쓰에 문학에 나타난 식민2세의 조선」, 『日本學報』 제61집 2권, 한국일본학회, 2004, 500쪽.

면서 후키야는 수원에서의 삶에 새로운 희망을 느낀다. 그리고 작품은 후키야가 지금까지 절에 맡겨 두었던 아내의 유골을 이곳 수원 땅에 묻고 분묘를 만들 결심을 하는 데서 끝이 난다.

> 고조는 문득 이토에의 유골이 아직 절에 맡겨 둔 채로 되어 있음을 떠올렸다. 언제 이 토지를 떠날지도 모른다고 하는 걱정에서 무덤을 만들 것을 염두에 두지 않고 있었던 거다. 아내도 여기에 의젓이 자리 잡게 해줘야지.(228쪽)

이처럼 작품 「망향」은 후키야 고죠라는 한 재조일본인 1세의 반생을 중심으로 일본인 이주민 1세들이 수원에 정착해 가는 과정에서 겪게 되는 갈등과 심리 변화 등을 심도 있게 그려 낸다. 후키야 고죠는 자신의 고향이 이곳 수원으로 이행·정착했다고 간주하면서, 수원을 자신들의 '분묘의 땅'으로 삼을 결심을 굳히지만, 앞서 논의한 바와 같이 재조일본인 1세들의 집단적 정체성이 처한 존재론적인 삶의 장소는 결국 수원에서 뿌리내리는 것과 본국에의 '망향' 사이에서 끊임없이 유동할 수밖에 없음을 알 수 있다. 그렇다면 아사코같이 "이 토지에서 피어나" 이 토지에 뿌리를 내린, 선천적으로 '수원'을 고향으로 지니게 된 새로운 세대=재조일본인 2세들에게 수원은 어떤 의미를 지닌 장소이며 이들의 집단적 정체성은 어떠한 것이었을까? 다음 3절에서는 재조일본인 2세들의 이야기를 주제화한 유아사의 소설을 중심으로 이를 논의하고자 한다.

3. 재조일본인 2세의 정체성

유아사 가쓰에의 작품 중에서 수원에서 태어나고 자란 일본인 이민자 2세를 본격적으로 다룬 소설에는 「대추(棗)」(1937), 「심전개발(心田開發)」(1937), 「하야마 모모코(葉山桃子)」(1939) 등이 있다. 이 가운데 「하야마 모모코」는 「망향」의 아사코 같은 재조일본인 2세들을 다수 등장시켜 그들의 집단적 정체성과 고향에 대한 심상을 주제적으로 묘사하고 있어 주목할 만하다. 「하야마 모모코」는 전후의 작품집 『간난이』(1946)에 그 제목을 「채송화(松葉牡丹)」라고 개제(改題)해서 재록되기도 했는데, 그 작품해설에서 유아사는 이 작품에 대해 다음과 같이 설명했다.

> 내선일체의 분위기 속에서 우리들 소학생 시절을 회고한 것이다. 그것이 우리들 조선에서 자란 일본인 아동의 모습이었다. 어른들은 내선일체에 대체로 반대였다. "정복한 민족이 피정복민족에게 하나가 되어 달라고 부탁한다는 바보스런 일은 없다. 조선인 측에서야말로 신청해서 비로소 허가하면 되는 거다" 등의 의견도 있었다. 그런 의견에 대해서는 제2세는 그 제출의 여하를 불문하고 감정상 반발했다. 제2세는 내지에 돌아가면 종종 조선인으로 대우받기 쉬웠다. 그리고 또한 조선인에 대한 어떤 사소한 멸시도 이를 갈면서 화를 냈다.[28]

즉 이 소설은 유아사 자신을 포함한 수원 이민자 2세들의 소학교(초등학교) 시절 이야기를 투영해서 형상화한 작품임을 알 수 있다. 작품은 주인공 다지바나 시게타의 시점을 중심으로 예진 소학교 6학년 때 '새잎회(若葉

28_湯淺克衛, 「作品解說と思ひ出」, 『カンナニ』, 大日本雄弁會講談社, 1946; 池田浩士 編, 『カンナニ湯淺克衛植民地小說集』, インパクト出版會, 1995, 523쪽.

會)'라는 모임을 만들기도 하는 등 가깝게 지냈던 급우들이 성인이 된 현 시점에서 다시 만나면서 깨닫게 되는 자신들의 새로운 변화에 대한 묘사로 짜여져 있다. 여름방학을 맞이하여 도쿄의 대학에서 수원으로 '귀성'한 시게타는 수원의 시장에서 소학교 시절 같은 반 급우였던 마쓰모토가 조선인을 상대로 주전자를 팔고 있는 상황을 목격한다. 이 마쓰모토는 소학교 시절에 급우였던 하야마 모모코에게 못된 짓을 하려다 발각되어 퇴학처분을 받은 악동으로, 퇴학당한 후에는 오사카(大阪)에 건너가 막벌이 일꾼이나 마소의 거간꾼 등의 직업을 전전했지만 지금은 수원으로 돌아와 조선인을 상대로 철물상을 하고 있다. 이 마쓰모토에게서 현재 하야마 모모코도 시장에 나와 복숭아 등의 과일을 팔고 있다는 사실을 듣게 된 시게타는 시장을 이동하면서, 소학교 시절의 생활과 일화를 회상하게 된다.

시게타가 다녔던 수원의 소학교는 "신시가와 구시가의 중간의, 팔달산 기슭에 있었는데"[29] 이 학교에는 이른바 '이민의 아이'들이 많았다. 시게타의 반에도 성 안에서 잡화상을 운영하는 시게타의 양친을 비롯하여, 어머니가 과수원 농장을 경영하는 하야마 모모코, 동양척식주식회사의 농업이민으로 이주해 온 집의 마쓰모토와 가와우치, 선종 계열의 절인 법정사 주지의 아들인 오노 등 다양한 직종을 지닌 이민자 1세의 자녀들이 모여 있다. 주지하듯이 일본의 식민지 영유과정과 궤를 같이 하여 진행된 것이 일본정부의 이식민정책이었다. 일본인 세력을 이식함으로써 조선에서의 군사적, 경제적, 문화적 지배권을 더욱 견고한 것으로 만들려 했던 일본정부

29_湯淺克衛, 『葉山桃子』, 土の文學叢書, 1939. 이 글에서의 인용은 池田浩士 編, 『カンナニ 湯淺克衛植民地小說集』, インパクト出版會, 1995, 230~231쪽에 준했다. 이하 「葉山桃子」의 인용은 이 책의 쪽수만 표기한다.

의 의도는 일본 농촌의 과잉 인구나 토지 부족을 해소하기 위한 정책과 결합하면서, 동양척식주식회사(이하, '동척'으로 약칭)[30] 같은 농업이민사업으로 전개되었다. 작품 속에서 마쓰모토나 가와우치 같은 재조일본인 2세들이 수원에서 나고 자라 학교를 다니게 된 것도 그 부모들이 동척의 농업이민으로 수원으로 이주해 와 평리(坪里), 원천리(遠川里) 등에 이민촌 부락을 형성했기 때문이다.[31]

그런데 시게타가 급장을 맡고 있는 6학년의 이 반에 어느 날 이왕직 목장의 관리자이자 고등농림학교 교수의 딸인 마토바 마키코가 홋카이도(北海道)에서 전학해 오면서 조그만 사건이 일어난다. 앞서 언급한 유아사의 작품해설에서 "조선인에 대한 어떤 사소한 멸시도 이를 갈면서 화를 냈다"라는 언급이 있었는데, 이 같은 이민자 2세들의 정서는 작품 속에서는 수업 중 글짓기 시간에 마토바 마키코가 발표한 「삿포로로 돌아가고 싶다」라

30_일본정부는 조선에서의 토지 취득, 일본인 식민과 농업 척식을 목적으로 하는 국책회사인 동양척식주식회사를 1908년 12월에 설립해, 1910년부터 본격적으로 농업이민사업을 실행해 갔다. 동양척식주식회사는 "우리나라에서 선량한 농민을 이식해 진보하는 농업의 모범을 보일" 것을 "본사 창립의 근원"으로 삼아 1908년 8월 공포된 「동양척식주식회사법」에 의해 설립되었다. 「동양척식주식회사법」 제3장 '영업'의 제11조 3항에는 그 업무로서 "척식을 위해 필요한 이주민의 모집 및 분배"가 명기되어 있다(『東拓十年史』, 東洋拓殖會社社史集 第一巻, 丹精社, 2001(초출 1918) 참조).

31_유아사는 수필집 『반도의 아침(半島の朝)』에서도 "마쓰시타라고 해서 소학교 동급생으로 2리 정도 떨어진 부락에서 농업을 하고 있다. 이 마을의 주위는 조선에서도 유수의 비옥한 토지로, 동척이민도 3~4곳으로 나뉘어 부락을 이루고 있었다"라고 회상하고 있어, 실제로 동척의 농업이민사업으로 다수의 일본인 이민이 수원에 입식해 정주하고 있었음을 알 수 있다(湯淺克衛, 『半島の朝』, 三教書院, 1942, 127쪽). 덧붙여 유아사는 작품 「이민」(1936)을 통해서도 동척의 이민사업으로 함흥평야 부근의 북선으로 이민 온 주인공 마쓰무라 마쓰지로라는 재조일본인 1세의 조선에서의 삶을 그리고 있다. 이 작품에서 화자는 동척의 이민사업에 대해 비판적인 논조와 태도를 보인다.

는 제목의 작문에 대한 반 아이들의 반응으로 변주되고 있다.

> … 저는 삿포로로 돌아가고 싶어서 견딜 수가 없습니다. 삿포로의 길에는 가래 따위 함부로 뱉어져 있지 않습니다. 느릅나무 숲이랑 감람 숲이랑 푸르디푸르러서 지금쯤이면 감람꽃이 한창입니다. 은방울꽃도 예쁩니다. 즐거운, 정말 그리운 친구도 있습니다. 아 삿포로로 돌아가고 싶다. 이런 더러운 조선은 싫어 싫어.(236쪽)

홋카이도와는 기후나 풍토가 다른 이국(異國)의 수원 땅에 온 지 얼마 안 된 양갓집의 어린 소녀가 무덤이 빽빽이 들어선 낯선 풍경이나 소머리가 통째로 냄비에서 끓고 있는 모습 등을 보고서 문화적인 충격을 받고 고향의 친구들이나 풍물을 그리워하는 것도 당연할 터이다. 마토바 마키코의 작문 발표를 듣고 시게타를 비롯한 반의 이민자 2세 아이들은 '내지'에 대한 동경이 뒤섞인 일종의 감동을 느끼기도 하는데, 그 와중에 하야마 모모코는 울먹이면서 다음과 같이 '항변'한다.

> 조선은 … 조선은 더럽지는 않아. 조선은 더럽지는 않아.
>
> 다시 시게타는 영문을 알 수 없는 감동이 덮쳐 와서 눈꺼풀이 뜨거워졌다. 교실의 공기도 흔들리기 시작했다. 여학생 중에는 코를 훌쩍이는 사람이 나왔다.(236쪽)

하야마 모모코의 이 항변이야말로 "이 토지의 토양 속에서 자라나 온" 이민자 2세들의 심성일 것이다. 부모들에게 들어왔던 '내지'에 관한 이야기—그것은 조선(수원)으로 이주해 온 부모세대들이 망향의 감정에서 사후적으로 이상화한 '내지'일 가능성이 크다—는 이들 2세들에게도 일본에 대한 막연한 동경의 감정을 어려서부터 심어 왔다. 가령 부모세대들은 수원에 정착해서 살면서도 곧잘 자식들에게 "내지는 말이야"라면서 이상화된 '내지' 이야기를 들려준다.

> 부모들은 정월에, 백중맞이에, 히나마쓰리(雛祭)에, 뭐든지 고향에서의 그 행사의 즐거움을 이야기했다. 하루 중 가장 즐거운 듯한 눈빛을 보는 것은 고향에서의 나날의 추억으로, 그것을 민감하게 알아차리는 아이들은 부모가 뭔가 피로로 울적해 있는 것을 보면 내지에서는 지금 어떤 꽃이 피어 있어—라는 이야기를 꺼낸 것만으로 부모들의 눈이 갑자기 촉촉해지고 꿈꾸는 듯이 빛나기 시작하는 것을 알고 있었다.(257~258쪽)

하지만 이민자 2세들에게 부모들의 고향='내지'는 자신들이 나고 자란 곳이 아니기 때문에 부모세대와 같은 실감을 가질 수는 없었다. 이보다는 자신들의 '고향'인 조선(수원)에 대한 애착이야말로 훨씬 생생한 실감을 가질 수 있는 실제의 감정인 것이다. 방과 후 평소 조선인 아동을 괴롭히기만 하던 난폭자 마쓰모토도 "조선을 더럽다고 했겠다"(237쪽)라고 으르렁거리면서 마토바 마키코를 괴롭히고, 그 위급한 상황에서 시게타와 모모코가 마쓰모토를 제지해서 마키코를 구해 낸다. 이 사건 이후 작품 속 내용은, 서로 화해를 하고 '새잎회'라는 모임을 만들어 회원이 된 시게타, 모모코, 마키코, 오노, 마쓰모토, 가와우치 등의 학교생활과 이들이 만들어 내는 에피소드가 수원 성곽을 배경으로 점묘되고, 이곳 생활에 적응한 마키코도 더 이상 "삿포로로 돌아가고 싶다"는 얘기를 꺼내지 않게 된다.

하지만 난폭한 마쓰모토를 견제하면서 감화도 할 겸 만든 '새잎회'도 서로 간의 의견 다툼 등으로 해산하게 되고, 졸업을 앞둔 2학기에 마쓰모토는 모모코에게 못된 짓을 하려다 발각되어 퇴학처분을 받게 된다. 앞서 언급했듯이 퇴학당한 후 마쓰모토는 오사카에서 막벌이 일꾼이나 마소의 거간꾼 등의 직업을 전전하다 지금은 수원으로 돌아와 조선인을 상대로 철물상을 하는데, 이 작품에서 주목해야 할 것은 마쓰모토뿐만 아니라 시게타를 포함한 소학교 시절의 동급생들이 졸업 후 제각각 한번은 수원을 떠났다가 성인이 되어 다시 이곳 출신지로 되돌아오고 있다는 사실이다.

저마다 이 토지를 떠났던 자가 어느 사이에 되돌아와서, 자신이 자란 집에 차분한 얼굴로 정착하고 있는 모습을 그 여름방학에 귀성한 시게타는 놀라움과 안도감으로 보았는데, 마쓰모토가 되돌아와 있는 것은 그중에서도 가장 의외로 아직 시게타의 가슴을 동요시키고 있다.(257쪽)

"5, 6살쯤에 아버지를 따라"(257쪽) 수원으로 이주해 왔던 시게타는 중학교를 졸업한 뒤에는 "오랜 동안 길러진 내지에의 동경"(258쪽)에서 양친의 고향에 있는 상급학교에 진학해 지금은 도쿄의 대학을 다니고 있고, 마토바 마키코는 일본의 여자대학에 진학하는 등 모두 뿔뿔이 흩어져 한 번씩은 자신들의 고향=수원을 떠나갔다. 하지만 이들 재조일본인 2세에게 원향으로서의 고향은 역시 수원이었고, 일본이나 그 밖의 외지로 떠나 떨어져 지내 보면서 이런 감정들이 더욱 절실하게 와닿게 된 것이다. 이들은 이제 부모들의 고향이 아닌, 수원이라는 '자신들의 고향'을 찾아 되돌아온다.

하지만 이번에는 시게타가, 자신의 눈의 광채가 부모들의 고향으로가 아니라, 자신의 고향으로 이어지고 있음에 놀라지 않을 수 없었다. 멀리 떨어져 있으면 있을수록 그 별다른 것도 없는 조선의 이민지 마을이 달콤하고 즐겁게 눈꺼풀 뒤에 강하게 남아 있어서, 1년에 한 번인 여름방학을 갈망해 기다리면서 서둘러 그 마을로 돌아갔다. 마쓰모토와 같이 그 토지에서 태어난 사람은 시게타보다도 한층 그 감회가 깊을 것임에 틀림없다. … 다른 급우들은 저마다 어엿하게 자립해서 이제 이민이 아니라 그 토지의 토박이 농사꾼으로서 괭이를 휘두르고 있다.(258쪽)

마쓰모토는 아버지가 빼앗긴 논밭을 되찾고자 철물상을 하고 있고, 급우들 앞에서 "조선은 더러워서 싫습니다"라고 했던 마토바 마키코는 현재 수원으로 돌아와 아버지가 남긴 광산의 발굴조사를 하고 있으며, 어머니의 과수원 농장을 물려받은 하야마 모모코는 수원에서 농장 일을 꾸려 나가면서 시장에 나와 복숭아를 파는 한편으로 밤에는 근처의 조선인 아이들을 모아 놓고 읽고 쓰기를 가르치고 있다. 작품 속 서사는 시장에서 하야마 모모코를 만나 이야기를 나누는 시게타의 다음과 같은 감개로 마무리된다.

그렇다 하더라도 마쓰모토며 마토바 마키코며 급우들이 잇따라 돌아와서 자신의 고향의 재발견을 향해 가고 있는 것은 어찌된 일일까. 자신이 새삼 고향을 재인식하려고 돌아온 것이라고만 생각하고 있었는데, 하나의 밀물이 되어서 그것은 오고 있다.(261쪽)

이처럼 이 작품은 성장한 재조일본인 2세 출신자들이 자신들의 고향을 새삼 '재발견'해서, 그 인식을 바탕으로 제각각 수원 땅에 진정으로 뿌리를 내리는 모습을 주제화하고 있다. '이 땅'으로의 정착과 본국에의 망향 사이에서 끊임없이 유동할 수밖에 없는 1세들과는 다른, 수원을 둘도 없는 자신의 '고향'으로 인식하고 정착하는 새로운 세대의 탄생인 것이다. 그런데 이런 2세대들의 등장과 이들의 고향, 세대 감각에 대한 유아사의 조형은 '신조선(新朝鮮)' 담론이 창안·유포되기 시작한 1930년대 재조일본인 사회의 분위기와 무관하지 않다. 1930년대 이후 '신조선'이라는 용어는 재조일본인 스스로가 조선에의 동일화를 기치로 내걸면서 사용한 것이었다. 이것은 재조일본인이 스스로를 '반도인'이라는 자기규정의 시발점으로 삼기도 했던 의미의 용어로, '내지' 일본인과는 다른 자기상을 상상해 내는 계기로도 작동했다. 특히 박광현은 '신조선'이라는 명명법이 재조일본인 1세대의 자녀들, 즉 조선에서 나고 자란 재조일본인 2세대들의 세대 감각과 관련된 것이라고 지적한 바 있다.[32] 이처럼 그 자신 재조일본인 2세 출신인 유아사 가쓰에가 「하야마 모모코」를 통해 수원이라는 장소에 스스로를 동일화하고 기존의 1세대들과는 구별되는 2세대의 새로운 집단적 정체성을 형상화하고 표현하고 있다고 볼 수 있다.[33]

유아사가 패전 후의 일본에서 최초로 집필, 발표한 소설 「깃발」(1946)은 수원에서 일본의 패전을 맞이한 재조일본인 일가족의 상황을 묘사한 작품이다. 작가 자신을 투영한 주인공 삼페이와 그의 아버지이자 수원 이민자 1세대인 사헤이의 감개와 술회 등을 통해 전전, 전중까지의 작가 자신과 조선(수원)의 관계를 자전적으로 기술한 사소설적 작품인데, 그 속에서 1세와 2세 사이의 '고향' 감각의 차이는 다음과 같이 단적으로 기술된다.

32_'신조선' 담론에 관한 사항은 박광현, 「'재조선(在朝鮮)' 일본인 지식 사회 연구 —1930년대의 인문학계를 중심으로」, 『일본학연구』, 단국대학교 일본연구소, 2006에서의 논의를 인용한 것이다.

33_덧붙여 1930년대 중반 이후 전체 재조일본인의 3분의 1 이상을 점유하게 된 2세대 재조일본인 세대를 가리키는 용어로 '朝鮮っ子(조선아이)', '조선에서 나고 자란' 사람이라는 의미의 '朝鮮生' 등의 표현이 있었다. 기유정, 「민족국가중심론 비판과 제국연구를 위한 시론적 고찰—『綠旗』(錄人) 속 모리타 요시오(森田芳夫)의 국체론과 정체성 분석을 중심으로」, 『재조일본인의 사회사』, 동국대학교 문화학술원 일본학연구소 제46회 국제학술심포지엄 발표집, 동국대학교 문화학술원 일본학연구소, 2012년 6월 30일, 86쪽 각주 9 참조.

삼페이는 자신들과는 달라서 이 토지[수원—인용자]를 제2의 고향 등이라고는 생각하고 있지 않았다. (…) 진짜의, 다른 것과 바꿀 수 없는 고향이라고 생각하고 있는 것이다.[34]

유아사는 패전 직후 귀환한 일본에서 "나의 고향은 상실했지만, 다른 의미에서는 마음의 고향이 될 수 있을 것이다"[35]라고 했는데, 실제 일평생 그의 삶과 문학에서 고향은 수원이었다. 그리고 이 글에서 지금까지 논의해 온 바와 같이 유아사 가쓰에의 문학이 고도(古都) 수원의 성곽을 무대로 식민지 이민자들의 현재적 삶과 일상을 묘사하면서 주제화했던 것은 재조일본인 1세대와 2세대 사이의 세대별/간 집단적 정체성의 차이와 그 변모 과정이었다. 나아가 작가 자신을 포함한 재조일본인 2세들이 '이 땅'=수원이라는 장소와 동일화되고 "다른 것과 바꿀 수 없는 진짜 고향"으로 인식하게 되는 아이덴티티의 확립과정에 다름 아니었다.

디아스포라의 개념과 그 유형을 역사적으로 고찰한 바 있는 로빈 코헨(Robin Cohen)은 '제국 디아스포라(Imperial Diaspora)'라는 유형을 설정해, "어떤 권력에 의해 식민 혹은 군사적인 목적으로 정주가 실행될 경우, 그 결과로서 태어나는 것이 '제국 디아스포라'"라고 설명한다.[36] 로빈 코헨은 주로 '대영제국'의 사례를 중심으로 유럽 제국주의가 실행한 식민지로의 자국민 송출을 논의하는데, 제국-식민지 시기 수원으로 이주했던 일본인 이

34_湯淺克衛,「旗」,『太平』 1946년 4월호. 이 글에서의 인용은 池田浩士 編,『カンナニ湯淺克衛植民地小說集』, インパクト出版會, 1995, 470쪽에 준했다.

35_湯淺克衛,「作品解說と思ひ出」,『カンナニ』, 大日本雄弁會講談社, 1946; 池田浩士 編,『カンナニ湯淺克衛植民地小說集』, インパクト出版會, 1995, 525쪽.

36_ロビン・コーエン,『グローバル・ディアスポラ』(角谷多佳子 訳), 明石書店, 2001, 118쪽.

주민의 경우도 큰 틀에서는 '제국 디아스포라'의 유형에 부합한다고 볼 수 있다. 특히 로빈 코헨은 '준(準) 제국 디아스포라'라는 개념을 설정해서, 기존의 '제국 디아스포라'가 식민 본국과의 연결을 중시하고 본국의 사회적, 정치적 관습을 소중히 모방하면서 스스로가 제국의 위대한 계획의 일익을 담당하고 있다는 감각을 지니고 있는 데 비해, '준 제국 디아스포라'는 식민자가 결혼 등을 통해 현지사회에 융화되거나 식민 본국과의 연결을 끊기도 하는 등 '현지화'하는 경우가 많음을 특징으로 든다.[37] 양자 사이에 정체성, 귀속의식, 문화 등에서 균열과 차이가 발생할 것임은 물론인데, 이 글에서 살펴본 유아사 가쓰에 문학에 나타난 일본인 이주민의 경우도 그 1세대와 2세대 간의 차이 또는 "부모들의 고향이 아닌 자신의 고향" 이야기를 만들어 나가는 재조일본인 2세들의 집단적 정체성을 적절히 드러낸다. 이 같은 관점에서 이 글에서 논의했던 재조일본인 2세 출신의 작가 유아사 가쓰에라는 존재와 그의 문학이 주제화했던 수원 이민자들의 삶과 정착, 그리고 세대 간 정체성의 형성과정은 제국 디아스포라의 역사적 분화 과정을 문학적 장르를 통해 보여 주는 한 사례라고 볼 수 있겠다.

37_ロビン・コーエン,『グローバル・ディアスポラ』(角谷多佳子 訳), 明石書店, 2001, 118~119쪽 참조.

2장

'조선시장'이라는 시공간과 재조일본인 2세

1. 수원의 조선시장과 유아사 가쓰에

앞 장에서 살펴본 바와 같이 유아사 가쓰에는 식민지 조선의 현실을 소년의 눈으로 비춰 낸 「간난이(カンナニ)」(1935)로 문단에 데뷔해, '이민'과 '개척'이라는 소재를 자신의 문학 안에서 형상화하면서 그 누구보다도 조선을 다룬 소설을 많이 남긴 작가다. 수원에서 유소년 시절을 보낸 재조일본인 2세 출신 작가로서, 유아사 가쓰에 문학에 나타난 혼종적인 존재의식은 동시대 다른 작가들과는 변별되는 면을 갖고 있는데, 가령 그는 자신의 "어린 눈에 비친 조선의 모습"을 다음과 같이 회상한다.

> 말하자면 나는 조선[이민—인용자]의 2세다. 어린 눈에 비친 조선의 모습은 상당히 자극적이었다. 소년의 마음에는 처음에 일선(日鮮)의 구별 따위는 없었는데, 역시 그때까지 만들어진 일선 양 민족 대립의 틀 속에서 지내지 않으면 안 되었다. 그것이 소년의 눈에 큰 모순으로 비친 첫 번째였다. 소학교 시절, 중학 시절(경성중학), 나는 그 틀 속에서도 친한 조선인 친구를 몇인가 가졌다. 또 와세다

에 오고 나서도, 그 후 작가가 되고 나서는 조선을 묘사함으로써 한층 많은 친구를 가졌다. 그리고 일선 양쪽의 교류하고 반발하는 마음속에서 기뻐하고 또한 괴로워했다. 나는 내가 자란 조선을 사랑했다. 그리고 또 나라를 떠난 사람이 누구나 그렇듯이, 애절한 심정으로 일본을 사랑했다. 나는 그것에 때때로 모순을 느껴야만 했다. 가령 고향이라는 생각 하나만 해도 그랬다. 경기도 수원을 둘도 없는 고향이라고 쓰는 바람에 검열관 한 사람한테 의심과 증오를 받은 적도 있었다. 하지만 최소한 나는 일본과 조선의 관절인 자신을 의식했고, 또한 그것이 숙명인 양 생각하고 있었다.[1]

위의 글에서는 실제로 유아사 가쓰에 문학이 다루고 형상화한 몇 가지 주제가 두드러진다. 가령 소년의 눈에 비친 식민지 현실의 모순은 「간난이」, 「담배(莨)」(1936), 「대추(棗)」(1937) 등의 초기 작품군에서 주인공 소년의 눈을 통해 비판적으로 그려지고 있고, 일본과 조선 사이에서 흔들리는 고향에 대한 심상은 「망향(望郷)」(1938), 「고향에 대해서(故郷について)」(1942) 등의 작품 속에서 주제화되고 있다. 스스로 "일본과 조선의 관절인 자신을 의식했고, 또한 그것이 숙명인 양 생각하고 있었다"라고 말하듯이, 유아사 가쓰에라는 작가는 그 존재론적인 위치에 의해 혼종적인 정체성을 지니면서 조선인과 일본인의 관계에 대해 깊이 파고들어 묘사한 일본인 표현자 중의 한 사람이었다.

문단 데뷔에서 일본의 패전 때까지 유아사 문학의 서사를 개관해 보면, 재조일본인의 삶과 귀속의식을 작품 속에서 형상화하고 주제화했던 1930

1_湯淺克衛, 「作品解說と思ひ出」, 『カンナニ』, 大日本雄弁會講談社, 1946. 이 글에서는 池田浩士 編, 『カンナニ湯淺克衛植民地小說集』, インパクト出版會, 1995, 520~521쪽에서 재인용했다.

년대 후반까지의 작품군과, 1938년 12월에 발표한 「선구이민(先驅移民)」을 필두로 '만주'로의 일본인 개척이민을 다룬 1940년대 전반기의 작품군으로 크게 나눠 볼 수 있다. 그중 재조일본인을 다룬 작품군의 경우, 본국(일본)과, 뿌리를 내려 정착해야 할 이민지(조선) 사이에 놓인 재조일본인의 삶과 정체성을 작품 속에서 모색하고 주제화한 것이 많다. 이들 작품군은 주로 수원을 배경으로 해서 식민지 조선의 풍경과 풍물, 일상을 담아낸 것이 많은데, 이 글에서 논의하고자 하는 '조선시장'도 그 일상을 표현하는 풍경 중 하나를 차지한다. 실제로 유아사 자신도 조선시장에 대한 자신의 애정을 종종 피력하는데, 다음은 1942년 7월에 출판된 유아사의 수필집 『반도의 아침(半島の朝)』에 실린 문장이다.

> 어릴 때부터 나는 시장을 좋아했다. 이 마을[수원—인용자]에서는 음력 4일과 9일에 장이 섰다. 4일이 성내의 장이라고 하면, 9일은 성 밖의 장이었다. 화홍문의 7개 수문에서 물이 서남으로 흘러서 화천(華川)이라고 했는데, 그 화천을 따라서 두 개의 시장이 생겼다. 평상시엔 버섯 같은 초가지붕만이 남아 있고, 소시장이 서는 주변에는 말뚝만이 서 있다. 그래서 평일에 시장에 가보면, 박람회의 잔해와 같은 으스스함을 느꼈다.
>
> 장이 서는 날도, 장이 없는 날도 나는 시장에 자주 갔다. 장이 서는 날은 조선인 어른들이 눈을 두리번거리면서 물건을 쏘아보며 돌아다녔기 때문에, 자신을 쏘아보는 게 아닌가 흠칫거리면서 좁은 통로 가득 막아서 있는 어른 옆구리 밑을 빠져나가면서 걸었다. 틈 사이로 빠져나갈 때에는 마늘과 기름과 흙이 뒤섞인 강한 신기한 냄새가 났다. (…)
>
> 4년 만에 조선으로 돌아와서, 보고 싶던 것 중 하나는 시장이었다. 그래서 요 1개월 정도 장이 서는 날에는 대개 나가 보았다. 나의 조선여행은 정확히 고향에 돌아온 듯한 기분이었다.[2]

『반도의 아침』은 유아사가 1936년부터 1942년까지 여러 잡지 등에 게재한 조선과 관련한 에세이들을 모아 출판한 책으로서, 위의 글은 '쇼와 11년(1936) 4월 12일 수원에서'라는 부기가 달린 「시장」이란 글에서의 인용이다. 실제로 '조선시장'은 수원을 무대로 하는 유아사의 거의 모든 작품에서 보이는 중요한 모티프인데, 주목할 것은 유아사 가쓰에의 작품에서 조선시장은 단순한 무대배경으로서 등장하는 데 그치지 않고, 중요한 사건이 일어나는 장소이자 서사 전개에서 전환점이 되는 등 거듭 중요한 역할을 하는 시공간으로 형상화되고 있다는 사실이다. 이에 이 글에서는 유아사 문학에서 조선시장이라는 시공간이 수행하는 역할과 의미를 규명하고자 한다.

특히 이 장에서는 조선에서 나고 자란 재조일본인 2세들이 점점 '조선화'되어 가는 자신의 정체성을 형성하는 과정과 조선시장이라는 시공간의 상관관계를 논의하고자 한다. 인간의 인식과 정체성 형성은 개별 장소의 특수성과 분리될 수 없고, 문학은 늘 장소와 주체라는 문제와 밀접한 관련을 맺고 존재해 왔다. 한 개인이나 집단이 어떤 장소를 본연화하거나 자연화하는 인식은 정체성을 구성하는 방법 중 하나다. 그런 의미에서 이 글에서는 유아사 가쓰에 문학에서 조선시장이라는 장소가 재조일본인 2세들의 정체성 형성에 어떤 영향을 주는지, 혹은 어떤 의미를 갖는지 그 규정성을 살피면서, 제국과 식민지적 상황이 산출한 인간의 영위와 역사적 산물의 한 양상을 검토하고자 한다.

2_湯淺克衛, 「市場」, 『半島の朝』, 三教書院, 1942, 153~155쪽.

2. '조선적인 것'을 표상하는 시공간

조선시장은 수원을 무대로 하는 유아사의 소설에서 자주 등장하는데, 가령 재조일본인 1세들의 삶과 귀속의식의 거처를 주제화한 「성문의 마을(城門の街)」(1936~37)에서는 앞서 인용한 에세이 「시장」과 거의 흡사한 기술로 조선시장의 모습이 묘사된다.

> 이 마을에서는 4와 9가 붙는 날에는 장이 서서, 이웃 부락에서, 아니 경기가 좋을 때에는 15, 16리나 먼 곳에서 밤을 새워 짐을 싣고 와서, 시장에서 물건과 물건을 교환한다. 곡물류나 솔잎을 싣고 온 백성들은 돌아갈 때에는 말린 생선과 소금과 내의를 갖고 가는 식이었다. 장이 서는 장소는 성 밖과 성내 두 곳에 수 정(町)에 걸쳐서 이어져 있고, 그날을 위해 초가지붕과 기둥만으로 된 집이 만들어졌다. 평상시에는 박람회의 잔해와 같은 그 강가의 공터가 그 날은 갑자기 상점가로 돌변해서 사람들로 들끓고, 번화가의 번영을 빼앗았다.[3]

소시장, 주막, 막걸리, 설렁탕, 엿장수, 참외를 실은 지게, 말린 대추, 대추엿, 고추, 땔감으로 쓸 장작더미를 등에 진 소 등은 시장의 풍물을 구성하는 요소로서 배치되는데, 이 같은 시장의 광경은 재조일본인들에게는 일단 낯설고 이질적인 풍경으로서 비치고 있다. 작품 「하야마 모모코(葉山桃子)」(1939)에서 이왕직 목장의 관리자이자 고등농림학교 교수의 딸인 마토바 마키코는 홋카이도에서 수원으로 전학해 온 소학교 6학년의 여학생인데, 수원에 온 지 얼마 안 된 그녀의 눈에 비친 조선시장의 광경은 이질적

3_湯淺克衛, 「城門の街」, 『人民文庫』, 1937. 이 글에서의 인용은 池田浩士 編, 『カンナニ湯淺克衛植民地小說集』, インパクト出版會, 1995, 135쪽에 준했다.

이자 무서운 공간으로 비친다. 다음은 수업 중 글짓기 시간에 마토바 마키코가 발표한 「삿포로로 돌아가고 싶다」라는 제목의 작문발표에서 언급되는 시장의 모습이다.

> 엊그제 마차로 지나가고 있자니, 구린내가 나는 음식점의 문간에 커다란 소머리가 끓고 있었습니다. 냄비 속에 머리를 담그고 뿔을 내밀고 눈이 흐리멍덩하게 벗겨져 있었습니다. 앗-하고 정신이 아찔해져서 주먹을 꽉 쥐었습니다만, 눈이 달라붙은 듯이 옆으로 돌릴 수가 없습니다. 그랬더니 안에서 조선인 여주인이 나와서, 그 눈알을 젓가락으로 쿡쿡 찌르고 사발에 담아서 국물을 떠서 붓고 있었습니다. 어째서 저런 잔혹한 짓을 할까요.[4]

조선으로 막 이주해 온 양갓집의 어린 소녀가 소머리가 통째로 냄비에서 끓고 있는 주막의 모습을 보고서 문화적인 충격을 받는 것도 당연할 터였다. 또한 조선시장을 묘사하는 데서 자주 동원되는 감각이 '냄새'인데, "시장 특유의 달콤한 듯한, 시큼한 듯한, 후끈거리는 냄새"[5]는 '일본'과는 다른 이질적인, '조선'의 냄새로 표상된다. 유아사 자신은 에세이에서 조선시장의 냄새를 다음과 같이 묘사한 바 있다.

> 틈 사이로 빠져나갈 때에는 마늘과 기름과 흙이 뒤섞인 강한 신기한 냄새가 났다. 그게 싫어서 입을 삐끔거리면서 지나가곤 했는데, 시장 걷기를 그만두려고

4_湯淺克衛, 『葉山桃子』, 土の文學叢書, 1939. 이 글에서의 인용은 池田浩士 編, 『カンナニ湯淺克衛植民地小說集』, インパクト出版會, 1995, 235~236쪽에 준했다.

5_湯淺克衛, 『葉山桃子』, 土の文學叢書, 1939. 池田浩士 編, 『カンナニ湯淺克衛植民地小說集』, インパクト出版會, 1995, 230쪽.

는 하지 않았다. 오래 맡으면 가슴이 답답했지만, 틈 사이로 빠져나갈 때의 찡하고 코에 전해오는 일종의 몹시 자극적인 냄새의 한순간을 좋아하는지도 모르겠다.[6]

소설 속에서는 가령 내선결혼에 의해 일본과 조선의 틈새기에서 살아갈 수밖에 없는 혼혈아의 삶을 그린 「대추」(1937)에서 주인공 김, 태랑은 시장을 둘러보기 좋아하는데, 시장의 자극적인 냄새를 맡으면서 조선인들 사이를 돌아다닌다.

시장은 이상한 냄새가 났다. 마른풀 같기도 하고, 파 같기도 하고, 젖 냄새 같기도 했다. 물 같기도 하고 고추 같기도 하고, 사탕 같기도 했다. 때나 기름이나 땀 냄새도 섞여 있었다. 김, 태랑(金' 太郎)은 코를 킁킁거리면서 그 자극적인 냄새를 맡았다. 맡으면서 성벽과 같이 늘어서서 이동해 가는, 흰옷의 사람들에게 신체를 부딪치며 걸었다.[7]

한편 조선시장에서 종종 벌어지는, "번영의 증거인 싸움"은 보고 있는 재조일본인들에게는 일견 이상하고 이해할 수 없는 일로 비친다. 「성문의 마을」에는 시장에서의 싸움 광경이 다음과 같이 그려진다.

싸움은 마치 번영의 척도와 같은 것이었다. 농민들은 장보기가 끝나면, 시장의 일각에 늘어선 음식점으로 뛰어 들어갔다. 시장에 들어오자마자 음식점에 뛰

6_湯淺克衛, 「市場」, 『半島の朝』, 三教書院, 1942, 153~154쪽.

7_湯淺克衛, 「棗」, 『中央公論』 1937年7月号. 이 글에서의 인용은 池田浩士 編, 『カンナニ湯淺克衛植民地小說集』, インパクト出版會, 1995, 184쪽에 준했다.

어 들어가 우선 막걸리를 한 사발 들이키고서 상점가를 어정거리는 사람도 있었다. 물건을 사는 도중에 갑자기 고향이라도 생각난 듯이, 어정어정 찾아들어 오는 이도 있었다.

음식점에서는 대체로 설렁탕이 펄펄 끓고 있었다. 잘 되는 가게에서는 큰 솥에 소머리를 그대로 넣어서, 끓어오르는 국물이 눈알이나 뺨에 튀고 있었다. 그 국물이 가장 맛좋은 음식이었다. 보통 가게에서는 소머리는 비싸게 치이기 때문에, 눈알이나 코 고기는 먹을 수 없었다. 그 대신 혀나 간이나 비계가 붙은 고기 등이 들어 있었다.

그것을 사람들은 입맛을 다시면서 먹고, 막걸리를 마시거나 그 국물을 넣은 소면을 먹거나 했다.

막걸리를 마시면 왠지 모르게 기운이 용솟음쳐서 아무것도 아닌 일로 싸움이 시작됐다. 가령, 이 설렁탕은 맛있다고 한 사람이 중얼거리면, 아니 맛없어—라는 이가 옆에서 나와서 그런 일로도 싸움이 가능했다.

대략 그런 경우의 싸움은 주연의 여흥과 같은 것으로, 야단스럽고 명랑하게 싸움을 해 사람들은 먹거나 마시거나 하면서 드잡이로 응원하는 식이었다.[8]

이처럼 시장의 주막에서 일어나곤 하는 조선인들의 싸움은 주흥을 빌어 일어나는 활기찬 흥겨운 놀이와도 같은 것이며, 이것은 밝고 번화한 시장의 생동감과 다이내믹함을 표상하고 있다. 이미 '내선일체'라는 표어가 표방되던 식민지의 분위기 속에서도 시장은 '조선적인 것'이 약동하고 일반 서민들의 일상이 영위되는 한 단면을 고스란히 보여 주는 것이다.

조선시장을 활보하는 것은 물론 '흰옷'을 입은 조선인 어른들인데, 유아

8_湯淺克衛, 「城門の街」, 『人民文庫』, 1937. 池田浩士 編, 『カンナニ湯淺克衛植民地小説集』, インパクト出版會, 1995, 154~155쪽.

사 문학에 등장하는 재조일본인 1세들은 대체로 조선시장에 가기를 꺼려 하는 데 비해, 2세 주인공들은 시장에 나가 구경하기를 좋아한다. 유아사의 문단 데뷔작 「간난이」에서 재조일본인 2세 소년 모가미 류지에게 시장은 조선인 소녀 간난이를 만날 수 있는 곳이자, 자신과 간난이를 괴롭히는 일본인 아동들로부터 격리된 '안심'할 수 있는 장소로 그려진다. 류지는 "시장에 관해서라면 하나에서 열까지 다 알고 있는 듯한"[9] 간난이를 통해 시장을 중심으로 조선의 풍물과 사람들의 생활방식을 하나씩 깨우쳐 간다는 구도를 보인다. 가령 류지의 어머니는 아들이 조선인 시장에 가서 노는 것을 꺼려 하며 시장의 엿을 사달라고 조르는 류지에게 "조선인은 손바닥에 침을 발라가면서 엿을 만들기 때문에 더럽다"(32쪽)면서 사주지 않는다.

> 그럼 참깨엿은 엿이 보이지 않을 정도로 참깨가 붙어 있으니까 괜찮다고 하자, 그거야말로 침을 쳐발라 참깨를 묻히기 때문에, 바로 병이 전염되어서 죽어버린다고 무서운 얼굴을 했다. 그럼 조선아이들은 모두 병에 걸려 죽어 버릴 거니까 불쌍하다고 류지는 생각한 적이 있었다. 하지만 아이들은 언제나 건강한 얼굴을 하고 있었고, 엿을 먹고 죽었다고 하는 얘기는 간난이에게서도 들은 적이 없었다.(32쪽)

그 뒤 실제로 시장에 가서 간난이가 "먹어 보렴 류지. 더럽지 않아"라며 권하는 엿을 먹어본 류지는 "대추엿도 흰엿도 참깨엿도 이런 맛있는 것을 먹어 본 적이 없는 듯한 기분이 들었"고, "눈살을 찌푸렸던 어머니 얼굴이

9_湯淺克衛, 「カンナニ」, 『文學評論』 1935年 4月号. 이 글에서의 인용은 池田浩士 編, 『カンナニ湯淺克衛植民地小說集』, インパクト出版會, 1995, 35쪽에 준했다. 이하 인용은 이 책의 쪽수만 표기한다.

왠지 바보스럽게 여겨지기 시작했"던 것이다(34쪽). 재조일본인 1세대인 부모들이 일본 본국에 대한 향수에서 오는 그리움과 식민자 의식에서 오는 조선(인)에 대한 터무니없는 편견, 왜곡된 차별의식, 멸시감 등에 사로잡혀 있을 때, 2세들은 제대로 본 적도 없는 부모들의 고향=내지 일본보다는 자신들이 생생한 실감을 가질 수 있는 조선풍물 속에서 자신들의 감각과 감성을 키워 나간다. 조선 엿은 비위생적이어서 먹으면 병이 전염되어 죽는다는 어른들의 인식을 바보스럽다고 느끼고 편견을 수정해 가는 어린 류지의 모습을 통해 유아사 가쓰에는 식민자의 근거 없는 편견에 대한 비판과 야유를 보내고 있다고 할 수 있겠다. 「간난이」에서 유아사는 조선인의 활력과 기운으로 가득찬 시장의 분위기를 깨버리는 것도 일본인 헌병임을 조형하고 있다.

그때, 다그닥 다그닥 말발굽 소리가 났다. 강 쪽에서 헌병이 탄 말이 두 마리 들어와서, 음식점 앞에서 멈췄다. 인파가 당황해서 피했기 때문에 류지와 간난이는 밀려서 짓눌릴 뻔했다. 파전가게 노파는 냄비와 사발을 들고 재빨리 일어서 있었다. 그러고선 달아날 준비를 시작했다. 헌병은 훌쩍 말에서 내리더니, 두 사람 다 모퉁이 음식점 안으로 들어갔다. 인파가 그쪽으로 몰려서 그 다음은 알 수 없었다. 철썩하고 채찍인가 밧줄이 내는 소리가 났다. "아이고." 비명과 함께 뭔가 아우성치는 소리가 뒤섞였다. 점점 인파가 여기저기서 몰려와서 좀 전의 싸움 때 이상으로 굉장한 소용돌이가 쳤다.

"저항하면 용서치 않겠다. … 범인이다. … 범인이다." 헌병의 목소리가 소용돌이 사이로 들렸다. 뭐라는 범인이라고 했지만, 무슨 범인인지는 알 수 없었다. 그런 와중에 빵 하고 피스톨 소리가 났다.(37쪽)

일본 헌병은 시장으로 숨어들어 온 조선인 청년들을 쫓아 난입한 것인데, 이들을 무력으로 제압한 뒤 연행해 간다. 작품 속에서 이들 조선인 청년이 무슨 범인인지는 구체적으로 제시되지 않지만, 이 작품이 3·1독립운동과 제암리 학살사건을 전후한 수원의 상황을 다루고 있는 만큼 이들이 독립운동을 하다가 체포된 것임을 짐작할 수 있다.

이상과 같이 시장은 '조선성'이 넘치는 장소로서 유아사 가쓰에의 여러 작품에 자주 등장하는 하나의 원점이자, '조선적인 것'을 표상하는 대표적인 시공간으로 형상화되어 있다. 그리고 이런 조선시장을 바라보는 재조일본인 1세와 2세 사이에는 그 시각과 감각에 차이를 보이는데, 다음 절에서는 작품의 주인공들이 조선시장이라는 시공간을 통해 형성하는 조선과의 친화성의 거리를 논의하고자 한다.

3. 조선과의 친화성의 거리

유아사 문학에서 조선시장이라는 장소가 지니는 의미 중에 하나는 주인공 소년이 '일본(인)'과 조선적인 것 사이에서 자신의 위치(귀속의식)를 어느 쪽으로 접근시키는가 그 근접성을 가늠하는 바로미터의 역할을 하고 있다는 사실이다. 그것은 우선 에세이 속에서는 지극히 개인적인 상황에서 연유한다. 「시장」에서 유아사는 수원에서의 유년 시절을 회상하는 기술에서 시장이 '고독'했던 자신에게 '위로'의 공간이었음을 밝히는데, 그것은 당시 소학교 급장인 자신과 급우들과의 갈등에서 비롯된 도피와 안식처로서의 시공간이었다. 다른 일본인 급우들은 꺼리고 찾아오지 않는 조선시장 안에서 그는 자신을 위로하고 자유롭게 생각에 잠길 수 있었다.

> 나는 반 안에서도 작은 쪽에서 두 번째로 몸도 약했다. 두들겨 맞으면 울었다. 하지만 끝까지 그 악당 녀석 부하로는 들어가지 않으려고 했다. 그래서 끝까지 버텼다. 분함이랑 쓸쓸함을 텅 빈 시장의 빈 집 안에서 위로하는 것이었다.[10]

숙제를 해오지 않은 급우를 질책한 일이 계기가 되어 자신의 반대파가 되어 버린 '악당' 밑으로 반 급우들은 부하가 되어 들어갔고, 이에 외톨이가 되어 버린 소년 유아사는 자신의 울적한 기분을 시장 안에서 풀고 위로한다. 여기서 주목할 것은 이케다 히로시가 지적한 바처럼 시장은 일본인 동포와 그의 관계 속에서 그에게 귀중한 장소였고, 일본인 동포 속에서의 고립과 소외의 감정이 시장에 대한 그의 애정과 결부되어 있었다는 점이다. 시장은 적어도 유아사 가쓰에라는 한 일본인에게 조선에서 살아가는 일본인 사회 이상으로 친근한 것을 체현하고 있었다.[11] 그리고 이 같은 시장에 대한 친근감은 작품 속에서 다양한 형태로 변주된다. 가령 「간난이」에서는 "류지와 간난이는 수상해. 계집애에게 반하다니 수치"[12]라며 류지와 간난이를 평소 놀려 대고 조선인 여자애를 괴롭히는 일본인 아동들이 없는 곳, 방해꾼 없이 간난이를 자유롭게 만나 놀 수 있는 곳으로 시장이 조형되고 있다.

조선시장이 중요한 사건이 일어나는 장소로 형상화된 대표적인 작품으로 「대추」가 있다. "어머니의 추억은 거의 시장에 연결되어 있다"[13]로 시작

10_湯淺克衛, 「市場」, 『半島の朝』, 三教書院, 1942, 154~155쪽.

11_池田浩士, 「解說・湯淺克衛の朝鮮と日本」, 『カンナニ湯淺克衛植民地小說集』, インパクト出版會, 1995, 608쪽 참조.

12_湯淺克衛, 「カンナニ」, 『文學評論』 1935年 4月号. 池田浩士 編, 『カンナニ湯淺克衛植民地小說集』, インパクト出版會, 1995, 11쪽.

되는 이 소설은 일본인과 조선인이라는 두 개의 민족 '사이'에 존재하는 혼혈아의 삶을 주제로 삼은 것으로, 식민지시대의 '내선일체'라는 통합 이데올로기에 의해 새롭게 창조된 국민으로서의 '혼혈아'의 삶을 묘사하고 있다.[14] 하지만 '내선결혼'이 장려되고 새롭게 창조된 국민으로서의 삶을 누려야 할 김, 태랑[15]의 삶은 일본 아니면 조선이라는 양자택일을 강요하는 정치적 역학에 의해 분열된다. 조선인 아버지와 일본인 어머니를 둔 김, 태랑은 전통적 가족제도를 고수하는 조부의 반대로 인해 아버지와는 같이 살지 못하고, 어머니와 함께 소시장이 내려다보이는 수원의 조선가옥에서 살고 있다. 아버지는 두 사람의 생계를 위해 장이 서는 날에는 고무신을 내다 팔면서 모자가 사는 집에 들르는데, 즉 김, 태랑에게 시장이 서는 날은 아버지를 만날 수 있는 날이기도 하다. 낮에 시장에서 고무신을 팔고 있는 아버지 가게에 가면 아버지는 김, 태랑을 주막으로 데리고 가서 설렁탕이나 소갈비 등을 사준다.

아버지는 가장 안쪽의 아담한 주막으로 데리고 가더니, 소갈비구이를 김, 태

13_湯淺克衛, 「棗」, 『中央公論』 1937年 7月号. 池田浩士 編, 『カンナニ湯淺克衛植民地小說集』, インパクト出版會, 1995, 170쪽에 준했다. 이하 「棗」에서의 인용은 이 책의 쪽수만 표기한다.

14_식민지주의 시대의 '혼혈아' 문제를 주제로 삼아 「대추」를 분석한 선행연구로는 朴光賢, 「純血の共同體における「混血兒」」, 『情報文化研究』 第11号, 名古屋大學大學院人間情報學研究科, 2000이 있다.

15_작가가 주인공 소년의 이름을 '김, 태랑(金、太郎)'으로 설정한 의도는 일본과 조선의 사이를 살아가는 혼혈아의 경계적인 삶을 그 이름에 상징적으로 각인시키고자 한 데 있다고 여겨진다. 긴타로(金太郎)라는 일본명에 일부러 쉼표를 넣어 성과 이름을 구분함으로써 '김, 태랑'은 조선명과 일본명이 중첩하면서도 분리되는 기표로서의 효과를 가진다.

랑에게 먹이거나 했다. 손을 기름투성이로 만들어가며 뼈를 붙들고 있는 김, 태랑에게 아버지는 신문지를 꺼내서 닦으라는 시늉을 하면서, 엄마에겐 비밀이야——라며 목을 움츠리는 것이었다. 어머니는 김, 태랑이 너무 조선아이 같은 짓을 하는 것을 싫어했다. 아버지는 어쩔 수 없지만, 태랑 만큼은 일본인답게 키우고 싶다고, 그 일에 대해 아버지와 자주 말다툼이 시작되는 것이다.(176쪽)

김, 태랑에게 시장은 아버지와 즐거운 시간을 보낼 수 있는 시공간이자 조선성에 가까이 이끌리는 감각을 형성하는 장소이기도 하다. 하지만 단란해야 할 이들 가족의 만남은 김, 태랑의 학교 진학을 앞두고 소학교 아니면 보통학교 어느 한쪽을 선택해야만 하는 상황에 의해 균열이 일어나기 시작한다. 제국 일본은 구한국을 병합한 후에도 '내지'와는 다른 '외지' 호적을 따로 둠으로써 민족적 구별과 위계를 온존시켰다.[16] 당시 식민지 조선에서 미취학 아동이 초등교육기관으로 진학을 할 경우, 원칙적으로 내지(일본) 호적에 등록되어 있으면 소학교, 외지(조선) 호적에 등록되어 있으면 보통학교로 진학하게끔 정해져 있었다. 그리하여 김, 태랑의 어머니는 식민지 지배하의 조선에서 정치적으로 압도적 우위를 지닌 일본세력 쪽으로, 즉 '일본인'만이 갈 수 있는 소학교로 김, 태랑을 진학시키고자 한 것이다. 이 경우 이미 출생 후 아버지의 호적을 따라 조선적(朝鮮籍)에 들어가 있는 김, 태랑을 소학교에 진학시키기 위해서는, 법적으로 다른 일본인의 양자로 들어가는 방법이 있었고 이에 김, 태랑의 어머니는 평소 가깝게 지내던 이누이 할아버지 집의 양자로 들이고자 한다.

16_식민지 시기 조선인의 국적과 호적에 관해서는 遠藤正敬, 「植民地支配のなかの國籍と戸籍」, 『早稲田政治公法研究』 第68号, 早稲田大學大學院政治學研究科, 2001을 참조했다.

어머니가 "저기"라며 과연 말을 머뭇거리면서, 이누이 할아버지의 양자로 보내자고 말을 꺼냈을 때, 아버지는 의아해서 견딜 수 없다는 듯한 표정으로 어머니를 봤다. 이윽고 "어째서 그런 짓을 하는가"라며 무릎을 고쳐 앉은 아버지의 안색은 변해 있고, "그렇게까지 해서 소학교에 보낼 필요는 없소. 태랑은 내 아이다. 그런 짓을 하지 않아도 돼"라고 서둘러 말하는 그 어조는 이미 덮치고 있는 것을 필사적으로 양손으로 뿌리치고 있는 듯이 슬프게 울렸다.

그러자 그것을 반박하는 어머니의 말도 강경했다. "총각 학교에 보내는 건 싫어요."(177쪽)

아버지의 반대에도 불구하고 김, 태랑은 결국 이누이 할아버지의 양자로 들어가서 소학교로 진학하게 되고, 김, 태랑을 이누이 할아버지 집에 맡긴 어머니는 어느 날 시장에서 모습을 감춘다. 평소와는 달리 정신이 없어 보이던 어머니는 평소 김, 태랑이 갖고 싶어 했지만 사주지 않던 나이프를 사주고는 시장의 인파 속으로 사라진 것이다.

정신을 차리고 둘러보니 오른쪽도 왼쪽도 갓을 쓴 흰옷의 남자들뿐이었다. "엄마"라고 부르면서 밀려들고 밀려가는 흰옷의 인파 속을 이러저리 뛰어다녔지만, 흰옷의 어른들 키는 커서 어디를 가도 성벽과 같았다. 어디를 뛰어다녀도 같은 곳 같았다.(178~179쪽)

갓을 쓰고 흰옷을 입은 조선인 어른들로 넘쳐나는 시상 속 공간은 소선성이 넘쳐나는 흰빛의 바다와 같다. 그 흰 바다 속을 유영하듯 찾아다녔지만 어머니의 모습은 보이지 않고, 김, 태랑은 결국 시장에서 어머니를 잃어버리는 상실의 경험을 하게 되는 것이다. 「대추」에서 일본을 표상하는 코드는 '어머니' '이누이 할아버지' '소학교' '내지' 등이 있는데, 그 어머니를 조선성이 넘치는 공간인 '시장'에서 잃어버렸다는 사실은 의미심장하다. 그 뒤 어머니가 '내지'로 돌아갔다는 소문을 듣게 된 김, 태랑은 자신을 버리고 떠난 어머니에 대한 애증을 시장에서 홀로 달랜다.

> 이누이 할아버지 집으로 옮기고 나서도, 김, 태랑은 단지 홀로 시장의 아이였다. (…) 시장의 흰옷의 어른들 사이를 뛰어다니고 있으면, 언젠가 잃어버린 어머니가 쑥하고 나이프 노점상 앞으로 얼굴을 내밀 것 같은 기분이 들었다.(179쪽)

하지만 어머니는 돌아오지 않고, 그러던 중에 시장에서 또 한 가지 사건이 발생한다. 어느 날 아버지와 시장 노점에서 소면을 먹고 있던 김, 태랑은 마침 지나가던 일본인 가족을 보게 되는데, 거기에 같은 반 급우인 마쓰다 군이 있었고 평소 김, 태랑과 사이가 좋지 않던 마쓰다는 자신을 향해 인사하는 김, 태랑의 아버지를 보고 김, 태랑의 '정체'를 알게 된다.

> "타로가 여러 가지 신세를 지고 있지. 고마워"라면서 마쓰다 군에게 정중하게 인사를 하는 것이었다. 마쓰다 군은 꾸벅 머리를 숙였지만, 심술궂은 웃음을 지으며 피크닉 차림의 가족이 있는 곳으로 달려가 버렸다. (…) 마쓰다 군의 양복차림을 언뜻 봤을 때에 김, 태랑은 아뿔싸 했다. 명치가 서늘해지고 소면이 기분 나쁘게 목구멍 속으로 미끄러져 들어갔다. 이건 선생님에게 일러바칠지도 모른다. 부급장도 그만둬야겠지. 어쩌면 퇴학당할지도 몰라—라고 생각하자, 가슴 속에 오한이 들어서 등을 굽히고 토하는 것이었다.(183쪽)

어린 김, 태랑의 심리를 압박하는 이 같은 강박은 민족적 우열을 강제하는 식민지주의가 만들어 낸 사회적 분위기를 민감하게 감지하는 데서 온 것임은 물론이다. 다음 날부터 마쓰다를 비롯한 반 급우들은 "부급장 김,

태랑, 시장의 아이. 시장에서 소면 먹고 있었다." "김, 태랑의 아버지는 상투를 틀었어. 상투 튼 여보야"(183쪽)라고 놀려 대며 어린아이들 특유의 잔인함으로 김, 태랑을 집단 따돌림 한다. 김, 태랑은 하지 않아도 될 인사를 한 아버지를 원망하며 학교와 시장가기를 싫어하게 되는데, 하지만 이 같은 반발은 김, 태랑의 진심은 아니었다.

> 그날부터 김, 태랑은 시장이 싫어졌다. 그러나 정말로 싫은 것은 아니었다. (…) 그러자 시장의 냄새가 찡하고 코에 되살아나서, 때때로 애가 타서 가만히 있지 못하고 시장의 인파 속으로 들어갔다.(184쪽)

조선시장은 일본인들에게 이질적인 공간이자 낯선 곳으로 경원시되었지만, 「대추」의 주인공 김, 태랑은 시장의 인파 속으로 들어가서 활보함으로써 조선적인 것에 보다 가까워지고 아버지를 만나고 어머니를 잃어버린 경험을 한다. 키 큰 흰옷의 어른들 사이를 몸을 부딪치며 걸어 다니면서 일종의 안도와 편안함을 느끼는 김, 태랑. 그에게 시장은 혼혈아인 자신과 조선사람들과의 거리감을 재는 바로미터 같은 역할을 하는 시공간이었고, 그 속에서 자신의 존재를 (무)의식적으로 확인하고 인식하는 계기가 되었던 것이다. 이 같은 시장은 일본과 조선 사이를 경계적으로 살아 나가는 혼혈아의 혼종적인 삶을 극적으로 조형하고자 하는 작가의 의도에 의해 형상화된 장소였다. 다음 절에서는 재조일본인 2세들의 집단적 정체성이 회귀하는 곳으로서 조선시장이 갖는 상징성과 의미를 논의해 보자.

4. 재조일본인 2세들의 정체성이 회귀하는 곳

작품 「망향(望鄕)」(1938)은 후키야 고죠라고 하는 재조일본인 1세의 수원 정착 과정을 중심으로, 식민본국에 대한 향수와 수원에 정착하는 것 사이에서 겪는 내면적 갈등이나 2세들과 세대 간의 차이 등을 섬세하게 그려내고 있다. 이 글에서 주목하고자 하는 것은 이 작품에서 조형하는 재조일본인 2세의 성장과정과 조선시장의 친화성이다. 식료잡화상을 경영하는 한편으로 상공회의소의 회두(會頭)이기도 한 후키야 고죠는 수원에 정착하기 전까지는 러일전쟁에 종군한 이래 '만주' 수비대, 조선 수비대에서 복무해 온 군인으로서 마지막으로 주둔한 곳이 수원이었다. 수비대가 용산의 사단으로 이관하게 되면서 퇴역 후의 생활을 고심하던 후키야는, 빈농의 5남으로 태어난 자신이 다시 일본의 고향으로 돌아가도 별다른 전망이 없다고 보고, 수원에서 정착하고자 결심한다. 제대 후 군인 연금과 퇴직금을 밑천으로 해산물을 취급하는 식료잡화상을 시작한 후키야는 본국에서 아내 이토에와 딸 유미코를 불러들여 수원에서의 본격적인 생활이 시작된다. 아내 이토에는 처음에는 낯선 수원 환경에 적응하지 못하고 온돌방에 틀어박혀 (일본)거문고를 타며 고국의 악곡을 연주하는 것을 유일한 낙으로 삼고, "응, 3천 엔 모이면 돌아가요. 내년에는 모일까, 내후년에는 모일까"[17]라면서 끊임없이 일본의 고향으로 돌아가고 싶어 한다. 그런데 이런 후키야 부부에게도 커다란 전기가 찾아온다. 수원에 온 지 4년째 되던 해에 이토에는 둘째 딸을 출산하게 되고, 후키야는 딸의 이름을 조선의 '선' 자를 따서

17_湯淺克衛, 「望鄕」, 『改造』 1938年 5月号, 改造社. 이 글에서의 인용은 池田浩士 編, 『カンナニ湯淺克衛植民地小說集』, インパクト出版會, 1995, 215쪽에 준했다.

'아사코'라 짓는다.

> 힘찬 소리로 울고 있는 그 아기를 봤을 때에 고죠는 드디어 확고하게 자리 잡았다고 가슴속에 강한 덩어리가 느껴졌다. 조선의 선(鮮)을 따서 아사코(鮮子)라고 지어야지. 이걸로 마침내 자신의 발도 이 땅에 붙었다고 생각했다.[18]

후키야가 둘째 딸 아사코를 출산한 것을 계기로 "드디어 확고하게 자리 잡았다"라고 생각한 것은 이제 수원 땅에 정착했다는 실감을 가지면서 자신의 고향이 이곳으로 이행했다고 간주하는 재조일본인 1세의 심상을 표현하고 있음에 다름 아니다. 아사코의 출생은 이토에에게도 큰 전기가 되어 이토에는 거문고를 버리고 점포의 계산대 일을 맡아 가게 일을 돕게 된다. 하지만 이토에는 얼마 안 되어 과로가 겹친 데다 폐렴이 악화되어 쓰러지는데, 숨을 거두기 직전에 이토에는 아사코를 찾으며 다음과 같이 말한다.

> 이토에는 잠시 밝은 눈빛이 되면서 "아사코는 강하네"라며 미소 지었다. 그 미소 속에 후키야 고죠는 이토에의 동경을 본 듯한 기분이 들었다. 옮겨 심은 나무 중에서도 이토에는 너무나 섬세한 아름다움이었다. 이 토지의 토양 속에서 우뚝 자라나 온 아사코와 같은 나무는 강인한 뿌리를 둘러쳐 갈 것이다. 어떤 메마른 흙덩이 속에서라도 양분을 듬뿍 흡수해 갈 것임에 틀림없다. 고죠도 이토에와 같이 희망을 아사코에게 보내고 있었다.[19]

18_湯淺克衛, 「望郷」, 『改造』 1938年 5月号, 改造社. 池田浩士 編, 『カンナニ湯淺克衛植民地小説集』, インパクト出版會, 1995, 216쪽.

19_湯淺克衛, 「望郷」, 『改造』 1938年 5月号, 改造社. 池田浩士 編, 『カンナニ湯淺克衛植民地小説集』, インパクト出版會, 1995, 220~221쪽.

아무리 '이 땅'에 뿌리를 내렸다고 해도 "옮겨 심은 나무"일 수밖에 없는 재조일본인 1세의 입장에 비해 아사코는 처음부터 "이 토지의 토양 속에서 우뚝 자라나 온" 새로운 인물상의 재조일본인 2세로서 묘사되고 있다. 강한 생명력을 지녔고 수원 땅에 일체화된 재조일본인 2세의 한 전형을 유아사 가쓰에는 이 작품에서 아사코를 통해 조형하고 있는 것이다.

그런 아사코는 어머니가 부재한 중에서도 감기 한번 걸리는 일 없이 매일 아장아장 닭을 쫓아다니거나 조선인 유모 집에 가서는 먼지투성이인 명태 조각을 빨거나 하면서 무럭무럭 성장한다. 좀 커서는 시장에 가서 유모 이름을 대고는 마음대로 엿이나 떡을 외상으로 먹기도 하는 등 넉살 좋고 다부진 모습을 보이는 아사코는 곧잘 시장에 가서 놀기를 좋아한다.

> 캔디나 일본 과자를 갖추어 둬도 그것보다는 마을 흙먼지 속의, 그 마을의 먹을거리 쪽이 아사코에게는 친숙한 것이다. 산 중턱에 신축한 별가로 옮기고 나서도, 아사코는 자주 시장에 나가고 싶어 했다. 언니 같이 가자고 유미코에게 졸라도, 유미코는 책상에 착 달라붙어서 그런 먼지투성이인 곳은 딱 질색이라고 눈썹을 찡그렸다. "언니 그럼 나 혼자 갔다 올 거야"라면서 아사코는 통통 뛰어나가는 것이었다. 시장에 가면 맛있는 붉은 대추가 산처럼 쌓여 있어서 숨이 막힐 듯한 달콤한 냄새로 가득했다. 닭을 두 마리 소중히 안고서 살 사람을 기다리고 있는 농부가 있는가 하면, 다람쥐가 새장 안에서 바퀴를 돌리고 있다. 붉은 눈을 한 토끼가 새장 매듭 사이로 도망쳐나가는 경우가 있다. 냇가 자갈밭에 매어 둔 송아지가 음매—하고 울고 있는 데다 작은 돌을 던져 맞히는 것도 재미있었다.[20]

20_湯淺克衛,「望鄕」,『改造』1938年 5月号, 改造社. 池田浩士 編,『カンナニ湯淺克衛植民地小說集』, インパクト出版會, 1995, 222~223쪽.

"이 토지의 토양 속에서 자라나 온" 아사코가 조선시장에 가서 놀기를 좋아하는 것은 그만큼 조선에 친화적인 재조일본인 2세의 모습을 보여 주는 한 가지 사례다. 아사코의 자연스런 성장과정을 조선시장과 결부시킴으로써 조선과 일체화된 자연발생적인 아사코의 정체성을 부각시키는 효과를 가져 오는 것이다. 그리고 아사코같이 "이 토지에서 피어나"[21] 이 토지에 뿌리를 내린, 선천적으로 조선을 고향으로 지니게 된 새로운 세대=재조일본인 2세들에게 조선시장이 어떤 의미를 지닌 장소인지를 잘 보여 주는 작품으로 「하야마 모모코(葉山桃子)」(1939)가 있다.

「하야마 모모코」는 수원에서 태어나고 자란 재조일본인 2세들을 본격적으로 다룬 소설로, 「망향」의 아사코 같은 재조일본인 2세들을 다수 등장시켜서 그들의 집단적 정체성과 고향에 대한 심상을 주제적으로 묘사하고 있어 주목된다. 「하야마 모모코」는 전후의 작품집 『간난이』(1946)에 그 제목을 「채송화(松葉牡丹)」라고 개제(改題)해서 재록되기도 했는데, 그 작품 해설에서 유아사는 이 작품에 대해 "내선일체의 분위기 속에서 우리들 소학생 시절을 회고한 것이다. 그것이 우리들 조선에서 자란 일본인 아동의 모습이었다"[22]고 설명하고 있다. 즉, 이 소설은 유아사 자신을 포함한 재조일본인 2세들의 소학교 시절 이야기를 투영해서 형상화한 작품임을 알 수 있는데, 작품의 플롯은 주인공 다치바나 시게타의 시점을 중심으로 예전 소학교 6학년 때 '새잎회'라는 모임을 만들기도 하는 등 가깝게 지냈던 급

21_湯淺克衛, 「望鄕」, 『改造』 1938年 5月号, 改造社. 池田浩士 編, 『カンナニ湯淺克衛植民地小說集』, インパクト出版會, 1995, 227쪽.

22_湯淺克衛, 「作品解說と思ひ出」, 『カンナニ』, 大日本雄弁會講談社, 1946; 池田浩士 編, 『カンナニ湯淺克衛植民地小說集』, インパクト出版會, 1995, 523쪽.

우들이 성인이 된 현 시점에서 다시 만나면서 깨닫게 되는 자신들의 새로운 변화에 대해 묘사하고 있다.

여름방학을 맞이하여 도쿄의 대학에서 수원으로 '귀성'한 시게타는 수원의 시장에서 소학교 시절 같은 반 급우였던 마쓰모토가 조선인을 상대로 주전자를 팔고 있는 상황을 목격한다. "5, 6살쯤에 아버지를 따라"[23] 수원으로 이주해 왔던 시게타는 중학교를 졸업한 뒤에는 "오랜 동안 길러진 내지에의 동경"(258쪽)에서 양친의 고향에 있는 상급학교에 진학해 지금은 도쿄의 대학을 다니고 있지만 유소년 시절을 보낸 수원이 그리워 방학에 맞춰 돌아왔고, 우연찮게 마을의 조선시장에서 장사를 하는 마쓰모토와 재회하게 된 것이다.

> 하지만 이번에는 시게타가, 자신의 눈의 광채가 부모들의 고향으로가 아니라, 자신의 고향으로 이어지고 있음에 놀라지 않을 수 없었다. 멀리 떨어져 있으면 있을수록 그 별다른 것도 없는 조선의 이민지 마을이 달콤하고 즐겁게 눈꺼풀 뒤에 강하게 남아 있어서, 1년에 한 번인 여름방학을 갈망해 기다리면서 서둘러 그 마을로 돌아갔다. 마쓰모토와 같이 그 토지에서 태어난 사람은 시게타보다도 한층 그 감회가 깊을 것임에 틀림없다.(258쪽)

이 마쓰모토는 소학교 시절에 급우였던 하야마 모모코에게 못된 짓을 하려다 발각되어 퇴학처분을 받은 악동으로, 퇴학당한 후에는 오사카에 건너가 막벌이 일꾼이나 마소의 거간꾼 등의 직업을 전전했지만 지금은 수원

23_湯淺克衛, 『葉山桃子』, 土の文學叢書, 1939. 이 글에서의 인용은 池田浩士 編, 『カンナニ湯淺克衛植民地小説集』, インパクト出版會, 1995, 257쪽에 준했다. 이하 「葉山桃子」에서의 인용은 이 책의 쪽수만 표기한다.

으로 돌아와 조선인을 상대로 철물상을 하고 있다. 이 마쓰모토에게서 현재 하야마 모모코도 시장에 나와 복숭아 등의 과일을 팔고 있다는 사실을 듣게 된 시게타는 시장을 이동하면서, 소학교 시절의 생활과 일화를 회상하게 된다.

이 소설의 플롯을 간단하게 정리하자면 첫 장면부터 조선시장의 풍경 묘사에서 시작되어 시게타가 마쓰모토와 재회하고, 이 만남을 계기로 시게타가 시장을 이동하면서 소학교 시절의 생활과 일화를 회상하고, 마지막 장면에서 시장 한편에서 과일을 파는 하야마 모모코와 재회하는 데서 끝난다. 즉 작품 전체를 감싸 안고 있는 공간이 조선시장이거니와 소학교 시절 같은 반 급우였던 재조일본인 2세들이 졸업 후 각자 일본 내지나 그 밖의 외지로 나가는 등 한번은 뿔뿔이 흩어졌다 다시 자신들의 고향인 조선=수원을 찾아서 돌아와 다름 아닌 시장에서 재회한다는 구성을 보인다. 그런 의미에서 시장은 재조일본인 2세들의 '고향'을 상징하는 대표적인 장소로서 설정된 것이며, 이들의 마음의 안식처 같은 역할을 하고 있다고도 볼 수 있다.

> 저마다 이 토지를 떠났던 자가 어느 사이에 되돌아와서, 자신이 자란 집에 차분한 얼굴로 정착하고 있는 모습을 그 여름방학에 귀성한 시게타는 놀라움과 안도감으로 보았는데, 마쓰모토가 되돌아와 있는 것은 그중에서도 가장 의외로 아직 시게타의 가슴을 동요시키고 있다.(257쪽)

시장에서 조선어로 주전자를 팔고 있는 마쓰모토뿐만 아니라 소학교 시절 홋카이도에서 전학해 와 "조선은 더러워서 싫습니다"라고 작문시간에 발표했던 마토바 마키코도 일본의 여자 대학에 진학한 후 지금은 수원으로 돌아와 아버지가 남긴 광산의 발굴조사를 하고 있으며, 어머니의 과수원 농장을 물려받은 하야마 모모코는 수원에서 농장일을 꾸려 나가면서 시장에 나와 복숭아를 파는 한편으로 밤에는 근처의 조선인 아이들을 모아놓고 읽고 쓰기를 가르치고 있다. 작품 속 서사는 시장에서 하야마 모모코를 만나 이야기를 나누는 시게타의 다음과 같은 감개로 마무리된다.

> 그렇다 하더라도 마쓰모토며 마토바 마키코며 급우들이 잇따라 돌아와서 자신의 고향의 재발견을 향해 가고 있는 것은 어찌된 일일까. 자신이 새삼 고향을 재인식하려고 돌아온 것이라고만 생각하고 있었는데, 하나의 밀물이 되어서 그것은 오고 있다.(261쪽)

즉 소학교 시절의 동급생들이 졸업 후 제각각 한번은 수원을 떠났다가 성인이 되어 다시 이곳 출신지로 되돌아오고, 그런 그들이 해후하는 장소가 조선시장인 것은 의미심장하다. 이들은 이제 부모들의 고향=내지가 아닌, '자신들의 고향'을 찾아 되돌아오는 것이며 그런 그들을 품는 공간이 시장이라는 사실은 시장이 재조일본인 2세들의 집단적 정체성이 회귀하는 곳임을 주제적으로 형상화하고 있다고 볼 수 있다. 다시 말해 이 작품에서 조선시장은 점점 '조선화'되어 가는 재조일본인 2세들의 존재론적인 귀속의식이 긴밀히 연결되는 시공간으로서 작용하는 것이다.

조선시장은 수원을 묘사하는 유아사의 거의 모든 작품에 보이는 중요한 모티프이다. 점점 '조선화'되어 가는 재조일본인 2세들의 정체성 형성과정과 조선시장의 친화성은 작품 속에서 다양한 서사로 변주되면서 시장은 중요한 사건이 일어나는 장소이자 서사 전개에서 전환점이 되는 등 중요한 역할을 하는 시공간으로 형상화된다. 이 글에서는 유아사 문학에서 조선시장이라는 시공간이 지닌 의미와 역할을 검토했는데, 우선 '내선일체'라는 표어가 표방되던 식민지의 분위기 속에서도 시장은 '조선적인 것'이 약동하고 일반 서민들의 일상이 영위되는 모습을 고스란히 보여 주는 시공간으로서 묘사되고 있음을 알 수 있었다. 그 '조선적인 것'을 표상하는 시공간 속에서 작품 속 주인공들은 일본인 동포 속에서의 고립과 소외의 감정을 위로하기도 하고, 자신과 조선과의 친화성의 거리를 가늠하기도 한다. 조선시장은 재조일본인들에게 이질적인 공간이자 낯선 곳으로 경원시되었지만, 2세들을 중심으로 한 작품 속 주인공들은 시장에 가기를 좋아하고 시장이라는 시공간 속을 활보함으로써 조선적인 것에 보다 가까워지는 경험을 하게 된다.

주인공들이 조선시장에 가서 놀기를 좋아하는 것은 그만큼 조선에 친화적인 재조일본인 2세들의 모습을 보여 주는 사례다. 또한 그 토지에서 나고 자란 2세들의 자연스런 성장과정을 조선시장과 결부시킴으로써 조선과 일체화된 자연발생적인 2세들의 정체성을 부각시키는 효과를 가져온다. 특히 재조일본인 2세들을 다수 등장시켜서 그들의 집단적 정체성과 고향에 대한 심상을 주제적으로 묘사한 작품 「하야마 모모코」에서 시장은 재조일본인 2세들이 제각각 한번은 조선을 떠났다가 성인이 되어 다시 조선으로 되돌아오고, 그런 그들이 해후하는 장소로서 조형되고 있다. 선천적으로 조선을 고향으로 지니게 된 새로운 세대들은 부모들의 고향=내지가 아닌, '자신들의 고향'을 찾아 되돌아오는 것이며 그런 그들을 감싸 안고 품는 공간이 시장이라는 사실은 시장이 재조일본인 2세들의 집단적 정체성이 회귀하는 곳임을 의미한다. 그 자신 재조일본인 2세 출신인 유아사 가쓰에는 이 작품을 통해 조선이라는 장소에 스스로를 동일화하고 기존의 1세대들과는 구별되는 2세대의 집단적 정체성을 형상화하고 표현하고 있는데,

그 속에서 조선시장은 점점 '조선화'되어 가는 재조일본인 2세들의 존재론적인 귀속의식이 긴밀히 연결되는 시공간으로서의 의미와 역할을 지니는 것이다.

3장

전후 일본사회와 재조일본인 2세 출신자의 문학

제국-식민지 체제를 통해 "전방위에 걸친 집약적인 방사형의 식민지 제국 구조"[1]를 형성하고 있던 대일본제국은 강압적 귀속에 의한 다민족국가였으나, 전후의 일본은 타자를 일방적으로 배제하면서 '단일민족신화'라는 이데올로기[2]로 회귀하고자 했다. 이 과정에서 재일조선인의 존재는 국민적 동일성에 수합되지 않는 이질적인 '외국인'으로 배제되어 갔고, 동시에 패전 직후 일본사회에서는 과거 '제국'의 역사를 말하는 것 자체를 '소아병적'이라고 할 만큼 금기시해 왔다. 이는 물론 과거의 역사를 망각·은폐하고자 하는 의식적인 차원에서의 작위였다. 그리고 논의의 결은 다르겠으나 전후의 일본문학도 가와무라 미나토(川村湊)가 적확하게 표현한 바 있듯이 '돌아오는 것(帰ること)'에서부터 시작되었다.[3] 잘 알려진 후지하라 데이(藤原てい)의 『흐르는 별은 살아 있다(流れる星は生きている)』(1949)로 대표되는

1_姜尚中, 『オリエンタリズムの彼方へ』, 岩波書店, 1996, 86쪽.
2_小熊英二, 『單一民族神話の起源　＜日本人＞の自画像の系譜』, 新曜社, 1995 참조.
3_川村湊, 『戰後文學を問う』, 岩波新書, 1995, 1쪽.

패전 후의 '인양' 서사들은 주로 패전 국민으로서 인양 과정에서 겪은 갖은 고초(박해와 굶주림, 가족의 죽음 등)와 일본에 귀환한 이후에도 계속되는 어려운 생활을 묘사하는데, 거기에서는 식민자로서 자신들이 해온 일은 무/의식 속에 봉인되고, 전도된 '피해자'로서의 자기상이 자연스레 전면에 묻어난다. 즉 패전 직후 발표된 이들 인양 서사에서는 제국 일본으로 인해 이산되었던 피식민지민들의 고난이나 타자의 상처는 드러나지 않는 것이다.

그런데 1950년대 이후에 등장하는 재조일본인 2세 출신자들의 문학은 이런 패전 직후의 인양 서사와는 그 문맥과 성격을 달리한다. 우선은 1930년을 전후하여 조선에서 태어난 이들, 따라서 패전 당시 미성년이었던 이들이 20대 성인이 되어 1950년대 일본문단에 등단한다는 연령적인 조건이 전제되지만, 여기에 이들이 자신의 체험과 사상을 표현하게 되는 동시대 정치, 사회, 문학사적 맥락과 이들의 창작을 촉발시킨 외적인 동인(動因)도 또한 개재해 있었다고 보아야 할 것이다. 이 장에서는 재조일본인 2세 출신자들의 문학이 등장하게 되는 '전후'적 변화와 배경을 몇 가지 주요한 사항들을 중심으로 소묘하면서, 내·외적인 요소가 조응하는 양상을 논의해 보고자 한다.

먼저 동아시아의 냉전체제 속에서 발발한 한국전쟁과 이로 인한 전쟁특수를 발판으로 삼아 진행된 일본의 전후 부흥, 고도경제성장이라는 정치경제적인 추이에 주목할 필요가 있다. 동아시아에서 '전후'라는 시공간은 한국/북한과 일본, 중국, 타이완만이 아니라 소련과 미국이라는 강력한 냉전의 정치적 자장 속에서 영위되었고, 식민지 기억이라는 문제도 이 같은 현실 정치와 연동하는 측면이 있었던 것으로 보인다. 주지하다시피 패전/해방 당시 미·소 양국의 한반도 분할점령 군사분계선이었던 38도선은 일본의 관동군과 조선군을 양국이 분담해서 접수하기 위해 관할을 나눈 분계선에 불과했으나, 이후 동아시아 전역을 끌어넣는 냉전구조 속에서 고착화되면서 한국전쟁이 발발했다. 일본의 36년간에 걸친 식민지 지배는 패전/해방이라는 결절점을 사이에 두고 한반도에 분단과 전쟁을 가져온 빌미를 제공한 셈이고, 아이러니하게도 한국전쟁은 후방의 병참기지와 무기고 역할을 한 일본에 전례 없는 전시특수를 불러일으켰다. 해방 후 불과 5년이 지난 시점에서 일어난 한반도의 또 다른 비극—냉전과 열전(熱戰)이 역설적이게도 일본의 전후 '부흥'과 '독립'에 기여했고, 이 군수 호경기가 이후 일본의 고도경제성장기로 이어진다는 일련의 '사태'를 겪으면서 재조일본인 2세 출신의 작가들은 반조적으로 자신의 '조선'에 대한 기억을 소환하게 된 것으로 보인다.

가령 문예잡지 『문학계(文學界)』 1960년 7월호에 발표된 후 그해 아쿠타가와상 후보작이 된 고바야시 마사루(小林勝)의 작품 「가교(架橋)」에서 재조일본인 2세 출신의 도다 아사오와 어느 재일조선인 청년의 연대는 한국전쟁에 참전한 미국에 대한 공통적인 인식을 통해 가능해진 것이며, 아사오는 이 재일조선인 청년과 행동을 같이하면서 자신의 '조선'에 대한 기억과 복잡한 심성을 끊임없이 반추하게 된다. 이 소설의 서사는 1952년의 현시점에서 '조선전쟁' 중인 한반도에 보낼 미군 지프차, 트럭, 전차 등을 수리하는 일본의 한 공장 앞에서 두 청년이 대기, 잠복하고 있는 상황에서 시작된다. 식민지 조선에서 태어나고 자란 아사오는 '북조선'의 소련 국경 가까운 마을에서 양친과 살고 있었고, 일본의 패전 후 인양을 거쳐 일본으로 귀환했다. 현재 19세인 아사오는 한국전쟁에 군수물자를 납품하면서 전쟁특수를 누리고 후방의 병참기지가 되어버린 일본을 비판하고 이에 저항하는 일본 공산당의 군사행동에 공감한다. 그래서 그 자신 당원은 아니지만 군수물자를 수리하는 공장에 화염병을 투척해서 무기를 쓸모없게 만들려는 당의 이번 계획에 참가한 것이다. 이처럼 재조일본인 2세 출신 작가들의 '조선' 소재 작품에는 한국전쟁과 그 특수 경기에 의한 일본의 전후 부흥이나 안보투쟁 같은 시민운동이 작품 속 현재의 배경으로서 배치되는 경우가 많았다.

한국전쟁 이후 일본에서는 1952년의 샌프란시스코 강화조약 발효와 미일안보체제의 확립, 55년 체제의 성립,[4] 60년의 신(新) 미일안보조약 체결과 이를 반대하는 시민들의 안보투쟁,[5] 65년의 한일수교와 그에 반대하는 한일 학생들의 데모 등 경제, 사상, 정치적으로도 격변을 겪었다. 이러한 시기에 재조일본인 2세 출신자들의 목소리가 등장하고 '조선'에 대한 기억이 소환되는 문제도 같이 생각해 보아야 할 것이다. 가지야마 도시유키(梶山季之)는 1964년에 발표한 「한국의 "소리 없는 소리"를 추리하다(韓國の"声なき声"を推理する)」(『中央公論』 1964년 2월호)라는 에세이에서 1963년 12월, 18년 만에 방문한 한국에서의 견문과 체험을 바탕으로 한일국교정상화를 앞두고 '일한회담'이 진행 중인 현 상황에서 나타나는 한국에서의

4_이는 1952년 샌프란시스코 강화조약이 발효되고 그 체제를 통해 일본의 '독립'이 성립되었다는 인식을 의미한다. 즉 55년 체제 이전의 '전후'란 연합국에 의해 신탁통치를 받던 시기를 가리키는 것이었고, 55년 체제를 기점으로 '이미 전후가 아니다'라는 포스트 전후 체제를 둘러싼 논쟁이 논자들 사이에서 벌어지기 시작했다. 가령 평론가 나카노 요시오(中野好夫)는 1956년에 "이미 '전후'가 아니다"라는 선언을 발표한다(中野好夫, 「もはや「戰後」ではない」, 『文藝春秋』 1956年 2月号, 文藝春秋社). 경제계에서도 1956년 발행된 일본의 『경제백서』는 "더 이상 전후가 아니다"라고 선언하고, 1960년에는 당시 수상인 이케다 하야토(池田勇人)가 '국민소득배가계획(國民所得倍加計劃)'을 발표했다. 이후 일본의 고도성장은 국민소득의 향상과 더불어 본격화된다. 한편 일본공산당은 1955년 7월에 개최된 공산당 제6회 전국협의회(6전협)에서 무장투쟁 노선 방침을 포기하고 군사조직은 해체된다.

5_1959~60년에 전개되었던 미일안전보장조약 개정 반대투쟁으로, 자민당이 개정을 강행 체결한 후인 1960년 5월부터 6월에는 전국적인 반대운동으로 발전했다.

'반일 무드'와 한일 양국민의 역사인식에서의 현격(懸隔)한 입장의 차이를 거론하고 있다. 그럼에도 그는 앞으로의 공생적인 미래관계를 모색하고자 하는 차원에서 어떻게든 인식의 공통분모를 찾고자 노력한다. 여기에는 이승만 정권 시절부터 현 박정희 대통령하의 한국사회의 여러 면모와 문제점을 분석하고, 이를 타개할 구체적인 방법을 모색하고자 하는 시각도 개재해 있다. 이 글과 같은 달에 발표된 에세이 「박대통령하의 제2의 고향(朴大統領下の第二のふるさと)」의 마지막 대목에서는 다음과 같은 가지야마의 독백이 등장한다.

> 돌아오는 비행기 안에서 오야 선생님이 단 한마디,
> "앞으로의 오년 사이에 경제적으로 자립할 수 있을지 없을지가 한국의 운명을 결정하겠군"이라고 말했을 때, 나는 마음속에서 무심결에
> "네. 열심히 하겠습니다!"라고 중얼거리고 있었다.[6]

이처럼 일본인이면서 한국 내의 문제를 "무심결에" 자신의 일처럼 간주하는 가지야마에 대해서는 우선 이같이 '체화'된 인식 자체가 일찍이 내면화하고 있던 식민자 의식의 발로이자, 한반도의 일이라면 다른 일본인 그 누구보다도 '조선' 출신인 자신이 가장 잘 알고 있다고 하는 오만한 착각에 빠져 있다고 비판해야만 한다. 더구나 동시대 북한에 대한 가지야마의 인식은 관계 개선을 도모하고자 하는 의지는 표명되지 않고, 공산권 세력을

6_梶山季之, 「朴大統領下の第二のふるさと」, 『文藝春秋』 1964年 2月号, 文藝春秋社. 이 글에서의 인용은 川村湊 編·解說, 『李朝残影—梶山季之朝鮮小說集』, インパクト出版會, 2002, 293쪽.

견제하는 반공국가군의 반응과 별반 다를 바가 없다. 이처럼 그의 인식은 이미 냉전체제 속에 휩쓸려 들어간 한계를 보이기도 한다. 다만 같은 시기 일본에서 통용되던 일본인 다수의 역사인식을 염두에 둘 때, 이 같은 가지야마의 심성은 한편으로는 이채를 띤다. 전쟁과 식민지를 경험한 1세대들이 과거 제국의 역사를 말하는 것 자체를 금기시해 오는 동안, 전후의 부흥과 고도경제성장 속에서 일본의 젊은 세대(전후 세대)들은 이웃의 한반도에 대해서는 무관심과 무지, 나아가 편견으로 시종했다. 한 가지 예로 이시하라 신타로(石原慎太郎)의 「태양의 계절(太陽の季節)」(『文學界』 1955년 7월호, 제34회 아쿠타가와상 수상) 발표 이후, 고도 소비경제사회가 시작되는 속에서 '연애 유희'나 '완전한 유희'에 탐닉하는 무궤도적이며 분방한 젊은이라는 '풍속 현상'이 정착했고, 이들은 '태양족'이라 불렸다. 이 역사인식을 결여한 일본의 젊은 세대들과 한국전쟁 특수를 누리며 고도경제성장을 이루어가는 일본사회 속에서 동시대 재조일본인 2세 출신 작가들이 느낀 괴리감과 자기정체성은 그 윗세대나 전후 세대의 그것과는 이질적인 것이 있었다고 여겨진다. 그들은 자신의 원향(原鄕)으로서의 '조선'='고향'과 지금-여기 일본사회와의 균열, 혹은 괴리 같은 것을 감지했던 것으로 보이고, 그것은 그들의 문학작품 속에서 다양한 형태로 변주되면서 형상화되었다.

그럼 다음으로 문학사적인 맥락에서 이들 재조일본인 2세 문학의 등장이 차지한 위상과, 이들의 문학이 문학계에서 받아들여진 양상에 대해 검토하고자 한다. 이 검토를 위해서는 우선 '돌아오는' 데서 시작된 전후 일본문학계에서의 전개과정과 그 지형도를 소략하게나마 파악할 필요가 있다. 패전 직후 일본의 사상계와 문단은 크게 '정치와 문학 논쟁'을 주도한 '근대문학파'와 전후 민주주의문학을 표방한 신일본문학회 간의 논쟁과 언설풍토 속에서 전개되었다. 여기에 김달수를 중심으로 한 재일조선인 주체의 잡지 『민주조선』이 '민주주의 문학'의 확립을 기치로 내걸며 신일본문학회와 큰 틀에서 연대를 구축[7]해 가는 구도가 자리 잡았다. 히라노 겐(平野謙), 혼다 슈고(本田秋五) 등을 포함한 근대문학파 동인 7명[8]은 문예잡지 『근대문학』(1946년 1월호~1964년 8월호, 총 185호 발행)을 중심으로 정치 이데올로기로부터 자립한 문학의 '근대화'와 자율성을 주장하면서 작가(인텔리겐차)의 내면 탐구를 강조했다. 이른바 '전후파'의 중심이 된 근대문학파 동인들은 근대적 자아의 확립=문학의 주체성 자각과 확립을 강하게 주장하며 인간 내면에 대한 깊은 관심을 중시했는데, 이 같은 관심은 문학자의 '전쟁책임' 문제에 대한 논의로도 이어져 근대문학파는 이 문제를 주제로 좌담회를 열기도 했다.[9] 그런데 근대문학파가 주장했던 문학의 자율성이라는 것은 어디까지나 일본 공산당의 과도한 정치주의에 대한 비판이었고, 그 배

7_단, 나카네 다카유키(中根隆行)는 전후 '민주주의'라는 이념하에 재일조선인문학이 신일본문학회의 헤게모니에 편입되어 가는 과정을 비판적으로 논의하면서, 신일본문학회 측 일본 문학자들이 "연대라는 지표의 안쪽에 있는 민족이라는 차이를 계급론적 시좌(視座)에서 파악하고" 있었다고 지적한 바 있다(中根隆行, 「民主主義と在日コリアン文學の懸隔」, 『＜朝鮮＞表象の文化誌 近代日本と他者をめぐる知の植民地化』, 新曜社, 2004, 278쪽).

8_히라노 겐, 혼다 슈고, 야마무로 시즈카(山室静)가 『근대문학』 창간동인이었고, 이후 세타가야(世田谷)에 거주한다는 데서 '세타가야 트리오'로 불린 아라 마사히토(荒正人), 사사키 기이치(佐々木基一), 오다기리 히데오(小田切秀雄)가 합류했으며, 마지막으로 잡지 『구상(構想)』을 통해 이들 그룹과 연결된 하니야 유타카(埴谷雄高)가 동인이 되었다. 이들은 1930년대부터 동인지를 중심으로 정신적인 교류를 해왔고, 마르크스주의 문학운동의 영향을 받았다는 공통점을 지닌다. 근대문학파의 구성 및 활동에 대해서는 日本近代文學館 편, 『日本近代文學大事典 第五巻 新聞・雜誌』, 講談社, 1979, 76~77쪽; 서동주, 「근대의 문학·문학의 근대—창간 직후 '근대문학파'를 중심으로」, 『한국일어일문학회 2011년도 하계국제학술대회 발표논문집』, 한국일어일문학회, 197~201쪽을 참조했다.

9_사사키, 오다기리, 아라에 의한 『문학시표(文學時標)』의 창간 및 잡지 『인간(人間)』(1946년 4월)의 지면을 통해 전개된 문학자의 전쟁책임에 관한 동인들 간의 좌담회 등.

후에는 더욱 철저한 '근대화', 또한 개인적인 차원에서의 '근대적 자아'가 이루어졌다면 일본사회가 파시즘에 휩쓸리지 않았을 것이라는 서구중심적 역사관이 자리 잡고 있었다.[10] 따라서 근대문학파의 시야에는 '동아시아'라는 관점이 없었고, 동아시아가 논의되는 경우도 거의 없었기 때문에 이들의 사상과 언설이 재조일본인 2세 출신 문학자들에게 끼친 영향도 희박했을 것으로 보인다.

그림 2 고바야시 마사루

한편 나카노 시게하루(中野重治) 등 구 프롤레타리아 문학계의 작가들이 결집한 신일본문학회(1945년 12월 30일 발족)는 기관지 『신일본문학(新日本文學)』(1946년 1월 창간준비호, 동년 3월 창간, 2004년 11·12월 합병호 종간)을 간행하면서 '민주주의 문학'을 전후문학의 새로운 지표로서 제시했다.

고바야시 마사루의 경우, 1948년 일본공산당에 입당한 뒤 신일본문학회 활동에 협력하다가 55년에 신일본문학회에 입회했다. 그는 잡지 『생활과 문학(生活と文學)』의 편집위원으로 활동하면서, 예전 한국전쟁과 파괴활동방지법안 반대 데모에 참가해 화염병 투척으로 체포, 수감된 경험을 쓴 작품 『단층지대(斷層地帶)』(1958)를 발표했고, 1956년에 발표한 「포드, 1927년(フォード´ 1927年)」(『新日本文學』 1956년 5월호), 「군용노어교정(軍用露語敎程)」(『新日本文學』 1956년 12월호)과 1960년에 발표한 「가교」는 각각 그해 아쿠타가와상 후보에 오른다.[11] 앞서 언급했듯이 '민주주의 문학'

10_안천, 「일본 전후 문학담론과 아시아적 시각—역사적 상상력과 자본주의적 상상력」, 『창작과비평』 154, 창비, 2011 겨울, 85쪽 참조.

11_고바야시 마사루의 연보적 사항은 日本近代文學館 편, 『日本近代文學大事典 第二巻』, 講

의 확립을 전후문학의 새로운 지표로 내건 신일본문학회와 『민주조선』은 큰 틀에서 연대를 구축하고 있었고, 고바야시 마사루 같은 재조일본인 2세 출신의 문학자가 재일조선인을 자신의 작품 속에 꾸준히 등장시키면서 신일본문학회의 활동을 하고 있었다는 사실에 대해서는 고바야시 마사루 연구와 더불어 좀 더 논의가 필요하다.

우선 고바야시의 작품 중에는 '조선'에 대한 기억과 체험이 전후 일본사회에서 재일조선인과의 관계 속에서 소환되는 모습을 형상화한 경우가 많은 만큼, 재일조선인의 존재라는 사실도 함께 생각할 필요가 있다. 앞서 언급했듯이 작품 「가교」에서 도다 아사오는 재일조선인 청년과 행동을 같이 하고 대화를 주고받으면서 자신의 '조선'에 대한 기억과 강렬한 체험을 반추하게 된다. 작품 「쪽발이(蹄の割れたもの)」(『文藝』 1969년 2월호)에서도 폐외과 전문의인 가와노는 자신이 담당하는 재일조선인 환자를 통해 일찍이 재조일본인 2세로서 자신이 경험했던 '조선'을 내면에 현현(顯現)시키게 되고, 마찬가지로 식민지조선에서 가와노의 중학교 동급생이었던 오우치 기요시는 전후의 일본에서 '재일조선인 문제를 생각하는 학생과 시민의 모임'이라는 연구회를 조직해서 리더로서 활동한다. 고바야시의 「이름 없는 기수들(無名の旗手たち)」(『文學界』 1962년 7월호), 「눈 없는 머리(目なし頭)」(『文藝』 1967년 11월호) 등에서도 재일조선인을 통해 '조선'에서의 체험과 기억을 상기하는 재조일본인 2세가 주인공으로 등장하는데, 이 같은 작품 속 관계설정은 고바야시 마사루 문학이 의식적으로 형상화하는 두드러진 특징이라 할 수 있다.

談社, 1977, 48~49쪽과 이원희 옮김, 『쪽발이』, 도서출판 소화, 2007에 수록된 「지은이 연보」(315~317쪽)를 참조했다.

그림 3 가지야마 도시유키

이 같은 재일조선인의 존재와 관련해서는 전후에 재일조선인 문학이 본격적으로 시동하게 되는 문맥 또한 같이 파악할 필요가 있다. 이는 재일조선인의 존재와 문학을 같이 생각함으로써 재조일본인 2세 문학이 등장하게 되는 배경을 보다 폭넓게 이해할 수 있기 때문이다. 종합잡지 『민주조선(民主朝鮮)』(1946년 4월 창간, 50년 7월까지 간행. 총 33호)을 중심으로 시작되는 전후의 재일조선인문학[12]은 일본인의 왜곡된 '조선인' 이미지를 바로잡고, 일본인 독자들에 대해 '재일'이라는 자신의 존재성을 어필하는 매체라는 측면도 있었다. 이 같은 재일조선인 작가의 활동과 문학 작품은 '조선'에서 유소년 시절을 보낸 재조일본인 2세들에게 자신들의 식민시 체험과 정체성을 문학적 표현으로 발표하게 이끄는 일종의 촉매 역할과 유인(誘因)으로 작용했을 것으로 보인다.

가지야마 도시유키는 22세 때인 1952년 5월에 식민지 시기 창씨개명을 소재로 한 소설 「족보(族譜)」를 잡지 『히로시마문학(広島文學)』에 발표하면서 작가 활동을 시작했다. 경성중학교를 다니던 도중 일본의 패망을 맞이하여 양친과 함께 1945년 11월 양친의 고향인 히로시마현 사에키군 지고젠무라로 귀환한 가지야마는 히로시마 2중학교 3학년으로 편입, 이후

12_전전의 김사량이나 장혁주 같은 이중언어 작가와는 층위를 달리하여 전후 재일조선인문학이 탄생한 배경에는 이미 조선어를 구사해서는 쓸 수 없는 세대, 구 종주국의 언어로 자신을 표현할 수밖에 없는 조선인들에 의한 일본어 작품이 등장한다는 비틀린 상황이 가로놓여 있었다(林浩治, 『戰後非日本文學論』, 新幹社, 1997, 13쪽; 中根隆行, 『<朝鮮>表象の文化誌』, 263쪽 참조).

그림 4 이쓰키 히로유키

히로시마 고등사범학교(현 히로시마대학 교육학부)까지의 교육과정을 히로시마에서 마친다. 대학 재학 중에는 동인지 『천사귀(天邪鬼)』를 창간하고 히로시마문학협회와 히로시마 펜클럽을 설립하여 그 운영에도 참가한다. 이후 동인지 『히로시마문학』에 초기 작품을 발표하면서, 히로시마 출신의 시인 하라 다미키(原民喜)의 사후 기념 시비를 건립하는 등 지역을 중심으로 한 문학활동을 전개했다. 따라서 가지야마의 경우는 초기에 지방 동인지를 거점으로 습작과 창작활동을 시작해, 이후 중앙문단에 진출한 사례가 된다.

가지야마의 남대문소학교 3년 후배였던 작가 이쓰키 히로유키는 식민지조선 출신인 자신의 위치를 '외지인양파(外地引揚派)'라고 표현하면서, 만주, 조선 등지의 '외지'=식민지에서 살다가 패전으로 인해 '내지'=일본으로 귀환한 인양자로서의 경험을 작품 속에서 그려 냈다. '외지인양파'로서의 정체성과 발화위치를 다른 전후파 작가와는 절대적으로 다른 경험적, 세대적 차이로 인식한 이쓰키 히로유키는 태양족 등 전후 일본사회의 세태풍속을 작품 속에서 다루는 한편, 식민지에서 성장한 체험을 바탕으로 러시아, 유럽 등을 무대로 한 작품도 다수 발표한다. 소설현대신인상(1966년), 나오키상(1967년), 요시카와 에이지(吉川英治) 문학상(1976년) 등 일본 문단 내 굴지의 문학상을 다수 수상했고, 1978년부터 32년 동안 나오키상 선정위원을 맡는 등 신인문학상 선정위원으로도 오랫동안 활동해 왔다.

1960년대 중반부터 본격적인 작가활동을 시작한 고토 메이세이는 자신의 패전체험과 인양과정을 모티프로 삼은 작품을 발표하면서 작가적 입지를 다졌다. 「무명 중위의 아들(無名中尉の息子)」(1967), 「뭐?(何?)」(1970),

「아버지에게 보내는 편지(父への手紙)」(1972), 「생각의 강(思い川)」(1974), 「아버지의 꿈(父の夢)」(1974), 『꿈 이야기(夢かたり)』(1976) 등 고토의 초기 작품군에는 자신이 태어나서 자란 '북조선'의 작은 마을(함경남도 영흥군 영흥읍)과 패전 직후 조선에서 사망한 부친에 대한 회상, 일본으로의 인양과정 등이 중심적인 주제를 이루고 있다. 연작 『꿈 이야기』로 1977년 히라바야시 다이코(平林たい子) 문학상을 수상한 것을 비롯하여 다수의 문학상을 수상한 고토 메이세이는 앞서 언급한 '외지인양파'의 일원으로 구분되면서, 동시에 일본문학사에서는 이른바 '내향의 세대(内向の世代)'로도 분류된다. '내향의 세대'라는 표현은 『근대문학』의 동인이자 문예평론가인 오다기리 히데오(小田切秀雄)가 1960년대 말부터 두각을 나타낸 작가 그룹을 가리켜 1972년에 편의적으로 부른 호칭이 이후 정착한 것인데, 오다기리는 고토를 포함해 구로이 센지(黒井千次), 후루이 요시키치(古井由吉), 다카이 유이치(高井有一) 등의 작가들을 '자아와 개인적 상황'으로 자폐한 "탈이데올로기적인 내향적 문학세대"라고 비판했다. 이에 대해 문예평론가 아키야마 슌(秋山駿)은 '내향의 세대' 작가는 사회나 전후의 '문제'를 자신이 현재 살고 있는 일상성을 기반으로 한 언어로 이야기하고 있다고 반론한 바 있는데,[13] 고토의 경우는 식민지와 인양 체험을 전후의 일본사회에서 반추하면서 현대인의 자기 존재감이라는 문제를 내면적으로 추구한 것으로 보인다.

그림 5 고토 메이세이

13_真下三朗 · 饗庭孝男, 『新編日本文學史』, 第一學習社, 1994, 183쪽 참조.

중요한 것은 이들 재조일본인 2세 출신자들이 전후의 일본에서 작가로 데뷔하고자 할 때 가장 먼저 이들의 심상에 떠오른 문학적 소재가 역시 소년 시절의 원풍경으로서의 '조선'이었고, 이는 전후 일본문단에서 자신의 작가적 입지를 다져 나가는 데 더없이 좋은 문학적 소재였다는 사실이다. 이런 의미에서 이들은 자신이 체험했던 '조선'을 작가로서의 출발에 있어 '이용'했다고 볼 수 있다. 동시에 그러면서도 이들은 자신들의 원점으로서의 원향='조선'에 대해 자신의 국가=일본이 과거에 무엇을 해왔는가를 전후의 일본에서 사후적으로 깨닫고 그 역사적 사실에 대해 책임져야 한다는 '당사자'적 의식도 지녔다. 그리고 이 같은 의식을 자신의 작품 속에서 여러 형태로 변주하면서 형상화하고자 노력했던 것도 사실이다. 전후에 등단한 재조일본인 2세 출신자들의 문학을 논의할 때는 이상의 두 가지 측면을 함께 고려하면서 개별 작가의 활동과 개개의 작품에 대해 분석해야 한다.

4장

가지야마 도시유키(梶山季之)의 '조선' 소재 작품과 전후 생활

가지야마 도시유키(1930~75)는 아버지가 조선총독부의 토목기술자로 경성부청에서 근무하고 있었던 관계로, 1930년 식민지조선의 경성에서 태어났다. 경성중학 4학년 때(15세) 일본의 패전으로 귀환할 때까지 유소년 시절의 15년 동안을 조선에서 생활한 가지야마는 앞장에서 언급했듯이 22세 때인 1952년 5월에 식민지 시기 창씨개명을 소재로 한 소설「족보(族譜)」를 잡지『히로시마문학(広島文學)』에 발표하면서 작가 활동을 시작했다. 가와무라 미나토(川村湊)는 1996년 5월 11일 열린 제1회 가지야마 도시유키 기념강좌의 강연에서 조선에서 생활한 작가들이 각각 조선과 관련된 작품을 남기고 있지만, 전후에 조선시절의 체험을 소설로 쓴 것은 가지야마가 가장 빨랐으며 가지야마는 식민지 체험을 문학화한 선구자였다고 말한 바 있다.[1] 가지야마는 작가활동 초반에 '조선'을 소재로 한 작품을 다수 남겼는데, 사실 일본에서 가지야마 도시유키라는 작가는 폭넓은 자료조

1_「梶葉」刊行委員會,『梶葉』Ⅳ, 1996, 280쪽. 이 글에서는 이원희,「가지야마 도시유키(梶山季之)와 조선」,『일본어문학』제38집, 일본어문학회, 2007, 408쪽에서 재인용했다.

사와 현장조사를 바탕으로 르포라이터, '기업소설(경제소설)' '산업스파이소설' '풍속소설' '추리소설' '포르노 작가' 등 당대의 유행작가로서 왕성한 집필활동을 하여 방대한 작품을 남겼으며, 매년 고액납세자 반열에 오르는 등 전후 일본의 대표적인 대중문학작가로서 잘 알려져 있다. 그러나 그에게 평생의 테마는 그 자신이 밝히고 있듯이 '조선', 이민, 원폭이었고,[2] 그가 수집한 장서 가운데 조선, 이민, 원폭 관계의 자료 7천여 점은 그의 사후인 1977년에 하와이대학 해밀턴도서관에 기증되어 '가지야마 도시유키 기념문고'로 남아 있다. 이 장에서는 초기에 발표된 가지야마의 '조선' 소재 작품 중의 하나인 「이조잔영(李朝殘影)」과 히로시마에서 원폭 피해를 당한 사람들의 전후 생활을 그린 「켈로이드 정사(ケロイド心中)」를 중심으로 가지야마 작품세계의 일단을 논의해 보고자 한다.

1. 부모 세대의 오욕(汚辱)을 짊어진다는 것 :「이조잔영」(1963)론

「이조잔영」은 『별책 문예춘추(別冊 文藝春秋)』 1963년 3월호에 발표

2_가지야마의 어머니 노부요(ノブヨ)는 일본계 이민 2세로 미국 하와이의 오아후 섬에서 태어나 9세 때에 히로시마에 있는 친척집의 양녀가 되어 일본으로 돌아온 이력이 있다. 토목기술자인 아버지 유이치(勇一)는 조선에 오기 전에 대만총독부에서 근무한 경험이 있어서 가지야마 일가는 '조선' 출신이라는 도시유키의 이력뿐 아니라 부모 모두가 이민을 경험한 가계였다. 또한 가지야마는 패전 후 부모의 출신지인 히로시마에서 생활했기 때문에 원폭 문제에도 깊은 관심을 갖게 된 것으로 보인다. 牛口順二, 「梶山季之文學の中の朝鮮」, 『季刊 三千里』 第28号, 1981年冬 참조.

한 소설로, 1953년 4월 『히로시마문학』에 발표한 「무지개 속(霓のなか)」[3]을 개작한 작품이다. 제49회 나오키(直木)상 후보에 올랐고, 1967년 최초의 한일합작영화로 신상옥 감독에 의해 영화화되어 그해 대종상 대상 후보에 오르기도 했다. 「이조잔영」은 1963년에 간행된 가지야마의 첫 작품집인 『이조잔영』(文藝春秋新社)에 표제작으로 수록되었고, 이 작품집에는 '조선'을 소재로 한 소설을 포함한 5편의 작품이 실렸다. 가지야마의 사후 그의 관 속에 넣은 저서가 베스트셀러가 된 『검은 시주차(黒の試走車)』나 「붉은 다이아(赤いダイヤ)」도 아니고, 이 첫 작품집을 원판으로 한 고단샤(講談社)판 『이조잔영』이었다는 사실[4]은 생전의 가지야마가 이 작품에 얼마만큼 애착을 갖고 있었는지를 말해 준다.

작품 「이조잔영」은 1940년 여름, 경성의 사립여학교 미술교사 노구치 료키치가 우연히 기생 김영순이 추는 조선의 궁중무용을 보고 감동하여 그 아름다움을 그림으로 그려 선전(鮮展=조선미술전람회)에 출품하기까지의 과정을 묘사하고 있다. 1919년 경성에서 태어나서 자란 노구치는 어린 시절부터 종로거리가 좋아서 자주 돌아다녔을 만큼 조선인과 조선 풍물에 친밀감을 지니고 있었지만, 왜 조선인들이 일본인을 적대시하는지 그 이유를 의문스럽게 생각할 정도로 역사적 경위에 무지한 '순진무구한' 재조일본인 2세로서 성장해 왔다. 자신의 미술학교 졸업 작품도 종로를 무대로 삼아 파고다공원에서 쉬고 있는 조선인 노부부를 그렸던 그는 현재도 조선의 풍

3_「무지개 속」은 후에 '조선소설'만을 모은 작품집 『성욕이 있는 풍경(性欲のある風景)』(河出文庫, 1985)에 재수록되는데, 작품 속 구성과 내용은 「이조잔영」에 비해 소략하고 「이조잔영」의 습작으로서의 면모를 띤다.

4_牛口順二, 「梶山季之文學の中の朝鮮」, 『季刊三千里』 第28号, 1981年冬, 220쪽.

물과 풍속을 화폭에 담고 싶어 한다. 일본인에게는 반발과 적대적인 태도로 시종하는 김영순은 그림의 모델이 되어달라고 부탁하는 노구치의 청탁을 거듭 거절하지만, 인간적인 교류를 쌓아 나가는 과정에서 어렵게 이를 수락하고 덕수궁 잔디밭 위에서 15일 동안 모델이 되어 준다. 하지만 그림이 완성되어 가는 도중에 노구치의 아틀리에에서 육군 대위 시절의 노구치 아버지의 사진을 본 김영순은 앨범을 캔버스에다 내던지고는 뛰쳐나가 버리고 이후 두 번 다시 노구치를 만나 주지 않는다. 1919년 3·1 독립운동 당시 4월 15일 수원 근교의 제암리에서 일어난 일본군의 조선인 학살사건[5]으로 김영순의 아버지가 살해당했고(당시 그녀는 4세), 이때 학살을 주도했던 수원 발안장(發安場) 수비대의 책임자인 수비대장이 노구치의 아버지였던 것이다. 자신이 태어나던 해에 '3·1 소요사건'이 있었다는 사실조차 몰랐던—역사 교과서에도 일본인 생활 그 어디에서도 이 사건은 언급되지 않았다—노구치 료키치는 당시 일본군 측의 팸플릿 『조선소요경과개요(朝鮮騷擾經過槪要)』 등의 한정된 자료를 통해 제암리 사건을 치열하게 추적해 가는 과정에서 "그런 무도한 살육을 한 인간으로는 여겨지지 않"[6]는 자신의 아버지가 자행한 사실들에 절망한다.

「이조잔영」에 대해서는 지금까지 단평을 포함하여 몇 편의 선행연구가 있으나,[7] 이 장에서는 재조일본인 2세 출신자의 문학이 전후 일본사회에서

5_주지하듯이 제암리 학살사건은 역사적 사실로서 1919년 4월 15일 수원 근교의 제암리에서 일본군이 독립운동의 참가자로 간주된 천도교, 기독교 신도를 포함한 민간인 수십 명을 방화, 학살한 사건이다.

6_梶山季之, 「李朝残影」, 『李朝残影—梶山季之朝鮮小説集』, インパクト出版會, 2002, 81쪽. 이하 인용은 괄호 안에 쪽수만 표기함.

7_吉田熙生, 「『李朝残影』雑感」, 『別冊新評 · 梶山季之の世界 追悼特集号』, 新評社, 1975年夏

갖는 역사적 의미라는 문제의식하에서 이 작품을 부모 세대의 오욕을 짊어지고자 하는 재조일본인 2세의 심리와 태도를 형상화한 텍스트로서 해석한다. 외동아들인 자신을 더없이 아끼고 귀여워해 준 자신의 아버지가 그런 학살을 자행할 수 있다는 괴리감. 결혼 후에는 군인을 퇴직하고 현재는 경성의 남산 기슭에서 여관을 경영하는 아버지 고헤이가 적어도 당시 수비대의 책임자인 수비대장만큼은 아니었기를 간절히 바라는 노구치의 실낱같은 희망은 작품의 마지막에 덧없이 깨어지고 만다. 김영순을 모델로 한 유화 작품 〈이조잔영〉은 1942년의 선전에서 특선 제1석으로 입선하지만, 기생을 모델로 삼았다는 것과 "이조가 자취를 남기고 있다"는 제목이 문제가 되어 노구치는 용산의 헌병사령부로 끌려가 취조를 당한다. 당국으로부터 제목을 고칠 것을 강요받게 되는 과정에서 노구치는 취조관인 헌병 중위를 통해 그 사실을 알게 된다.

> 노구치는 귀를 의심하고 아연해졌다.
>
> "아버지가… 그… 수비대장…"
>
> "그래. 몰랐나?" 중위는 〈뭐야, 불효자식 같은 놈〉이란 표정을 지었다. (…)
>
> 노구치의 뺨은 눈물로 엷게 젖어 있었다. 울고 있던 것이다. 그가 가장 두려워하고 있던 일은 역시 사실이었다. (…)

号; 牛口順二, 「梶山季之文學の中の朝鮮」, 『季刊三千里』 第28号, 1981年冬; 川村湊, 『妓生―「もの言う花」の文化誌』, 作品社, 2001; 이원회, 「가지야마 도시유키(梶山季之)와 조선」, 『일본어문학』 제38집, 일본어문학회, 2007 참조. 또한 「이조잔영」에 대한 본격적인 논의는 아니지만, 작품 「족보」를 중심으로 가지야마의 조선 소재 작품을 비교문예론적인 관점에서 논의하는 황호덕의 글도 참조. 황호덕, 「적대적 공통감각, 민족지의 통국가적 공동상상—가지야마 도시유키(梶山季之)와 임권택의 〈족보〉에 대하여」, 『比較文學』 Vol. 36, 한국비교문학회, 2005.

"그건 그렇고 제명은 뭐라 붙일 건가?" (…)

"역시… 바꾸지 않겠습니다. 아니, 바꾸고 싶지 않습니다."

"뭐라고?" 중위는 노기를 띠었다. 노구치는 다시 한 번 머리를 흔들고 천천히 대답했다.

"그 대신 특선을 취소하셔도 상관없습니다…"(88~89쪽)

이 작품에서 주목하고자 하는 것은 노구치라는 한 재조일본인 2세가 자신의 부모 세대의 오욕을 사후적으로 깨달았을 때 가진 죄의식과 고뇌의 의미이며, 그것을 형상화한 문학작품이 텍스트를 넘어 전후의 일본사회와 세대에게 발신하는, 역사적 경험에 대한 기억의 분유의 가능성이다. 가지야마는 1961년, 당시 잡지 『사상계』를 주재하던 장준하에게 보낸 편지에서 "저는 일본이 귀국(貴國)을 식민지로 삼고 있던 시대의 과거의 죄를 도려내서 일본 사람들에게 알리고 싶다고 생각합니다"[8]라고 말한 바 있는데, 이 「이조잔영」의 집필은 그 실천의 하나였다고 여겨진다. 물론 여기서도 한국 지식인에게 써 보내는 편지에서 이 같은 발언을 하는 가지야마의 의도—'조선' 출신의 양심적 일본 문학자라는 자기상의 현시(顯示)—를 비판적으로 의식해야겠지만, 적어도 그가 식민지와 전쟁을 경험하지 않은 세대에게 그것을 알리는 역할을 자임하고 실천했다는 점은 '조선'을 소재로 한 그의 초기 작품군을 통해 확인할 수 있는 사실이다. 일본인 작가가 3·1독립운동과 제암리 학살사건을 소설작품 속에서 다룬 경우는 유아사 가쓰에의 「간난이」와 더불어 이 「이조잔영」이 거의 유일한 사례가 될 터인데, 이

8_牛口順二, 「梶山季之文學の中の朝鮮」, 『季刊三千里』 第28号, 1981年冬, 222~223쪽에서 재인용.

사건을 형상화한 작가의 문제의식만으로도 작품이 갖는 의미는 적지 않다고 생각한다.

2. 죄와 자살, 그리고 책임의 소재(所在) : 「켈로이드 정사」(1971)론

「켈로이드 정사」는 잡지 『소설현대(小說現代)』 1971년 3월호에 발표한 중편소설로, 히로시마에서 1945년 8월의 원폭피해를 입은 사람들의 전후 생활을 다룬 작품이다. 앞서 언급했듯이 가지야마 부모의 출신지가 히로시마였고, 조선에서 귀환한 뒤 가지야마 자신도 대학 졸업 때까지 히로시마에서 생활하면서 지역을 거점으로 한 문학 활동을 펼쳤기 때문에 원폭 문제에도 깊은 관심을 갖게 된 것으로 보인다. 한 가지 예로 히로시마 출신이자 피폭을 입었던 시인 하라 다미키(原民喜)가 1951년 자살하자 그를 기념하는 시비 건립을 추진해서 동인들과 함께 실행에 옮기기도 했고,[9] 「켈로이드 정사」 외에도 「홀린 여자(憑かれた女)」(1970), 「실험도시(實驗都市)」(1973) 등 원폭에 관한 주제를 다룬 작품을 남겼다. 「켈로이드 정사」는 발표 당시 〈히로시마현 원폭피해자단체협의회〉 〈원·수소폭탄금지 히로시마현협의회〉 〈원폭문헌을 읽는 모임〉 등의 시민단체로부터 피폭자 차별

9_생전의 하라 다미키는 가지야마 등이 대학 재학 중에 창간한 동인잡지 『천사귀』에 단문을 기고하기도 했고, 죽기 직전에 가지야마 앞으로 편지(유서 중 하나)를 남기는 등의 교류가 있었다. 『천사귀』를 둘러싼 활동과 하라 다미키와의 교류, 추도 시비 건립과정 등은 가지야마의 회상 에세이 「「天邪鬼」のころ」(『小說新潮』 1972年 1月号, 新潮社)에 자세하다.

을 조장한다는 항의가 쇄도했지만, 가지야마는 피폭자의 입장에서 실화를 모델로 작품을 썼다는 코멘트를 『쥬고쿠(中國)신문』에 게재하기도 했다. 켈로이드(keloid)는 화상, 궤양 등이 아문 뒤에 생긴 흉터를 말하는데, 일본에서는 원자폭탄의 방사능과 열선(熱線)으로 피폭당한 자국을 지칭하기도 한다.

작품의 서사는 주간지의 그라비어 담당 기자 가케이 세이이치와 카메라맨 고지마가 취재차 방문한 홋카이도(北海道) 고마가다케(駒ヶ岳)의 인적 없는 설원에서 서로 껴안고 동반 자살한 남녀의 시신을 우연히 발견하면서 시작된다. 남녀의 신원을 알 만한 것이 하나도 없는 가운데 사망한 두 사람 다 얼굴 반쪽에 흉한 켈로이드 반흔이 있고(남자는 오른쪽, 여자는 왼쪽) 경찰 부검 결과 여성이 임신 6개월이었다는 사실 등이 밝혀지면서, 가케이는 여러모로 석연찮은 점이 많은 두 사람의 생전 행적을 추적하기 시작한다. 사건의 진상을 밝히고자 하는 취재기자 특유의 근성과 특집기사가 될지도 모른다는 기대를 품고 조사를 시작한 가케이는 사망한 남자가 남긴 미발표의 소설과 일기, 편지, 기록, 주변 사람들의 증언 등을 통해 이들 두 사람이 동반 자살이라는 극단적인 선택을 하기까지의 경위를 알게 된다. 거기에는 사토 다카오·요시에라는 어린 남매가 1945년 8월 6일의 히로시마 원폭으로 부모를 잃고, 고아원[戰災孤兒育成所]을 거쳐 성인이 되어 사회에 나왔지만, 여러 가지 요인이 겹치면서 어려움을 겪고 근친상간 끝에 아이까지 임신하고 결국 세상을 등지게 되는 과정이 기록되어 있다. 간단하게 요약했지만 이 작품이 형상화하는 이 남매의 반생은 희망의 빛이라고는 보이지 않는 고뇌의 연속이었고, 읽고 있자면 우울해지는 절망의 서사다. 다만 이 글이 이 작품에서 주목하는 바는 기자 가케이라는 화자를 통해 의식적으로 제기되는 인간의 죄와 책임이라는 문제다.

작품 속에서는 1954년에 일어난 후쿠류마루(福竜丸) 선원들의 피폭[10]을 비롯하여 원폭상해조사위원회(ABCC)의 활동,[11] 히로시마 메이든(Hiroshima Maiden) 프로젝트 등 전후 미국이 실행한 일련의 핵병기 실험과 그 사후 처리방식이 비판적인 어조로 배치되고 있다. 다카오·요시에 남매는 1955년 미국이 주도한 '겐바쿠오토메(原爆乙女: 피폭당한 처녀들)의 모임'=히로시마 메이든 프로젝트에 단 한번 희망을 품게 된다. 실제로 이 기획은 미국 시민들의 자발적인 기부로 25명의 히로시마 출신 젊은 여성 피폭자들을 뉴욕에 초대하여 미국의 발달된 성형수술과 백인 가정의 따뜻한 환대 속에서 '양녀(adoptee)'로 지내는 가족적인 문화 체험을 제공했다. 당시 태평양을 건너 미국에 온 히로시마의 희생자 처녀들은 미국과 일본 양측 국민 모두에게서 열렬한 지지와 성원을 받았으며, 공히 감동적인 '용서'와 '화해'의 트랜스내셔널한 드라마를 연출한 바 있다.[12] 가난한 처지의 다카오 남매는 그때까지 성형수술 등의 치료를 받을 수 없었고, 다카오는 요시에가 미국에 건

10_주지하듯이 1954년 3월 1일 미국의 수소폭탄 실험(비키니 환초)으로 인근에서 조업 중이던 원양어선 제5 후쿠류마루 선원들은 전원 방사능 피폭을 당했다. 실험 당시 후쿠류마루 선원들은 미국이 설정한 위험 수역 밖에서 조업하고 있었지만, 수소폭탄의 위력은 예상을 훨씬 뛰어넘어, 당시 피폭자는 2만 명이 넘는 것으로 알려져 있다. 이를 계기로 일본 국내에서는 강렬한 반핵운동이 일어났지만, 미국은 사건을 왜소화하고 선원 사망이 "방사선이 직접적인 원인은 아니다"라는 견해를 공식적으로 발표했다.

11_ABCC(Atomic Bomb Casualty Commission)는 1945년 8월의 원자폭탄에 의한 상해의 실태를 조사기록하기 위해 미국이 히로시마 히지야마(比治山)에 설치한 기관으로, 조사가 목적이라는 이유로 피폭자의 치료에는 일체 임하지 않았다.

12_히로시마 메이든 프로젝트에 관한 내용은 장세진, 「귀화의 에스닉 정치와 알리바이로서의 미국—'해방' 이후 장혁주의 선택과 「아, 조선(嗚呼朝鮮)」(1952)」, 『현대문학의 연구』 Vol. 45, 한국문학연구학회, 2011, 61쪽의 해당부분을 인용했다. 덧붙여 장세진의 논의는 Caroline Chung Simpson, *An Absent Presence: Japanese Americans in postwar American culture, 1945-1960*, Duke University Press, 2001, p.116에 의거하고 있다.

너가 치료를 받는 동안 자신은 결혼해서 가정을 이뤄 놓고 요시에를 맞아들일 것을 공상하며 삶에 희망을 품는다. 하지만, 본국으로 데려갈 '겐바쿠 오토메'를 선발하는 담당 미국인 의사는 켈로이드가 고쳐질 만한 사람만을 골라 선발했고, 완치가 어려울 정도로 심한 켈로이드를 지닌 요시에는 그 선정에서 떨어지고 만다. 피폭당한 사람의 치료를 당연한 권리라고 생각했던 다카오는 이 기획이 결국 인간적인 차원에서의 선의에서 시작된 것이 아니라, '용서'와 '화해'를 내건 허울뿐인 '보여 주기'이며 기만적인 이벤트임을 깨닫고 절망한다. 이후 시작되는 두 사람의 근친상간과 주변의 차가운 시선, 임신 후 피폭에 의한 백혈병과 기형의 염려 등 서사는 다카오 남매가 "죄 깊은 생애의 막을 내리기"[13]까지의 과정을 그려 내는데, 동반 자살에 즈음하여 남긴 다카오의 일기에는 근친상간을 비롯한 자신의 죄악을 속죄하고자 하는 심정이 토로되어 있다.

하지만 이들을 죄와 자살로 몰고 간 더 깊은 죄악과 책임이 따로 있지 않은가? 그 책임의 소재(所在)를 화자 가케이는 작품 마지막 장면에서 다음과 같이 반문한다.

> "하지만 사토 남매를 이렇게 만든 것은 도대체 누구의 죄인가?"(288쪽)

가케이는 인쇄소에서 근무하던 사토 다카오가 마지막으로 남긴 인쇄용의 지형(紙型)이 『일그러진 사랑이야기』라는 제목의, "우리들 남매의, 고통스러웠던 25년의 전후 생활"(277쪽)을 담은 미발표의 자전적 소설임을

13_梶山季之, 「ケロイド心中」, 『梶山季之傑作集成15 さらば京城』, 桃源社, 1973, 287쪽. 이하 인용은 괄호 안에 쪽수만 표기함.

알고 추도를 위해서라도 이것을 책으로 출판해서 세상에 내놓기로 마음먹는다. 여기서는 원폭을 비롯하여 미국이 전후 동아시아의 냉전체제 안에서 자행한 각종 핵병기 실험과 그 사후 처리방식, 또한 피폭 사건이 일어날 때마다 미국 정부의 일방적 합의처리에 그대로 따를 뿐 피폭당한 자국민은 그대로 방치해 두는 일본 정부의 행태에 대한 화자의 분노를 느낄 수 있다. 이 분노는 특정한 국가나 국민이라는 위치, 구획을 넘어 인간적인 차원에서 발신하는 정당한 비판이라고 할 수 있을 것이다.

3. 가지야마 도시유키 문학세계의 일단

가지야마 도시유키의 소설 「잘 있거라, 경성(さらば京城)」(1971)에서 재조일본인 2세 출신의 여주인공 오다 야스고는 자신이 태어나고 자란 서울('경성')을 전후의 일본에서 그리워하면서도, 회향의 정을 품는 스스로에게 "그 착취와 압정(壓政)에 가담한 측의 인간이 과연 그리워하거나, 옛날 그대로라고 기뻐하거나"[14] 해도 용인되는 것인지를 필사적으로 반문한다.

앞장에서 지적했듯이 가지야마를 비롯해서 전후에 문학 활동을 시작한 재조일본인 2세 출신자들은 '조선'에서의 체험을 문학적 소재로 삼아 이를 자신의 작가적 입지 확립에 '이용'했다. 이 점은 재조일본인 2세 출신자들의 문학을 평가할 때 가장 우선적으로 거론되어야 할 사항이며 비판받아야 할 사실임에 틀림없다. 다만 동시에 이들이 작품 속에서 표현하고자 했던

14_梶山季之, 「さらば京城」, 『李朝残影—梶山季之朝鮮小説集』, インパクト出版會, 2002, 209쪽.

일본(인)의 전쟁과 식민지 지배에 대한 책임의식에 일말의 진정성이 담겨 있음도 또한 사실이라고 봐야 할 것이다. 가지야마 도시유키는 일본에서 당대의 대중작가로서 유명했지만, 한편으로 그는 재조일본인 2세 출신으로서 식민지와 전쟁을 둘러싼 부모 세대의 오욕을 자신이 어떤 방식으로 짊어지고, 전후 세대에게 알려야 할지를 '조선'을 주제로 한 초기 작품군에서 고민한 것으로 보인다. 동시에 원폭을 비롯하여 미국이 전후 동아시아의 냉전체제하에서 자행한 각종 핵병기 실험과 그 사후 처리방식을 인간이라는 보편적 차원에서 비판한다는 두 가지 작업을 진행한 작가였다고 평가할 수 있을 것이다.

5장

고바야시 마사루(小林勝) 문학이 형상화하는 재조일본인 2세의 식민지 체험

1. 20세기의 '괴물'

홍상수 감독의 영화 『생활의 발견』은 "우리가 사람 되기는 힘들어도, 괴물은 되지 말자"라는 대사로 유명하다. 하지만 인류는 20세기 근대 역사의 여러 국면에서 인간이 '괴물'로 전락하는 광경을 여러 차례 목도해 왔다. 제국-식민지 체제하에서 자행된 심적, 물적 가해와 폭력, 섬멸해야 할 '적'을 일원적으로 결정할 것을 요구한 근대 전쟁에서의 학살 등 인간이 '되어서는 안 되는 괴물'이 되면서 수많은 가해자와 피해자가 속출했다. 또한 피해자는 물론이거니와 시대적, 사회적 조건에 의해 '우발적'으로 가해자가 된 사람이 경험하게 되는 인간성 파괴와 사후적인 고통은 '인간'이라는 보편적 차원에서 보자면 비극이 아닐 수 없다.[1]

1_박유하는 재조일본인 2세 출신의 작가 고바야시 마사루 문학을 논의한 글에서 자신의 의지와는 상관없이 가해자 측에 가담하게 되어 버린 식민자 2세 소년의 경우를 거론하면서, "가해자 속의 피해는 누가 책임을 지는 건가라는 문제"를 제기한 바 있다(朴裕河, 「小林勝と朝

일본 제국주의의 산물이라고 할 수 있는 재조일본인 2세 출신이라는 하중(荷重)을 짊어지고 '전후' 일본에서 '인간'이고자 한 소수의 일본인 작가들이 있다. 일본의 패전 후 '인양' 체험을 거쳐 조선에서 일본으로 귀환한 재조일본인 2세들 중에는, 인양 당시 10대 중반의 학생이었다가 '전후'의 일본에서 성인이 되어 작가로 데뷔한 사람들이 존재한다. 모두가 그런 것은 아니나 그들의 작품에서는 자신의 국가가 과거 '조선'에 대해 무엇을 해왔는가를 성인이 된 전후의 일본에서 깨닫고[2] 느끼는 부채의식과, 조선에서 있었던 유소년 시절의 다양한 개인적인 체험이 얽히면서 자아내는 복합적인 서사를 볼 수 있다. 앞서 제3장에서 전후 일본사회에서 재조일본인 2세 출신자들의 문학이 등장하게 되는 정치적, 사회적, 문학사적 맥락과 배

鮮―「交通」の可能性について―」, 『日本文學』 第57巻, 日本文學協會, 2008년 11월, 52쪽).

2_가령 1927년에 경남 진주에서 태어나 이후 1945년 봄에 육군사관학교에 입학할 때까지 만 16년간 조선에서 생활했던 고바야시 마사루는 「나의 조선(私の朝鮮)」이라는 에세이에서 "나는 전후가 되어서 비로소 자신의 나라가 그 과거에 조선에 대해 무엇을 해왔는가를 알았습니다. 내 탓은 아니라고 해도, 나는 일본인으로서 그곳에서 태어나고 자란 일의 의미를 생각하고서는 괴로운 심정이 되었습니다"라고 술회하고 있다(小林勝, 「私の「朝鮮」」, 『チョッパリ 小林勝小説集』, 三省堂, 1970, 299쪽). 또 1930년 '경성'에서 태어나 이후 일본이 패전할 때까지 15년간 '경성'에서 유소년 시절을 보낸 가지야마 도시유키도 훗날 자신의 에세이에서 "일본이 과거에 무엇을 했던가―라는 죄에 대해서는 나도 전후에 여러 가지 문헌을 모으고 있기 때문에, 잘 알고 있다고 생각한다. 나는 종전 때까지 어른들이 한국 사람들에게 어떤 짓을 저질렀는지 자세히는 몰랐다"라고 기술하고 있다(梶山季之, 「朴大統領下の第二のふるさと」, 『文藝春秋』 1964년 2월호, 文藝春秋社. 이 글에서의 인용은 川村湊 編・解說, 『李朝残影―梶山季之朝鮮小說集』, インパクト出版會, 2002, 292쪽). 이 같은 재조일본인 2세 출신자들의 회상을 액면 그대로 받아들여도 좋을지의 가부는 잠시 차치하고, 황민화 정책이 가장 적극적으로 추진되던 1930년대 후반, 40년대 초반의 조선에서 초등, 중등교육을 받으면서 조선인과는 어느 정도 단절된 식민자들의 거류공간에서 성장했던 이들의 '무자각'과 '둔함'에도 나름대로 환경적인 이유는 있었다고 여겨진다.

경을 총체적으로 검토했다. 이를 바탕으로 이 장에서는 우선 재조일본인 2세들이 산출한 문학이 식민지와 전쟁을 경험하지 않은 일본의 '전후' 세대에게 역사적 경험에 대한 기억의 분유(sharing)와 계승을 가능케 할 개연성을 고바야시 마사루의 몇몇 작품을 논의하면서 찾고자 한다.

2. 「눈 없는 머리(目なし頭)」론 : 그로테스크한 기억과 역사적 경험

고바야시 마사루 사후에 출간된 작품집 『조선·메이지 52년(朝鮮 · 明治五十二年)』(1971)의 후기에서 고바야시는 재조일본인 2세 출신으로서의 자신의 존재성을 다음과 같이 토로한다.

> 이 소설집에는 조선에 오랫동안 살면서 조선인에게 직접 폭력적인 유형(有形)의 가해를 끼치지 않고, 친한 조선인 친구를 많이 지니고, 평화롭고 평범한 가정생활을 영위한, 혹은 영위하려 한 일본인이 등장한다. 일찍이 평범한 일본인 대다수가 그러했다고 생각한다. 그 사람들, 혹은 지금은 중년이 된 그들의 아이들 대다수가 20여 년의 시간이 지난 지금, 조선을 그리워하는 것도 알고 있다.
>
> 그러나 나는 나 자신에 있어서는 내 안의 그리움을 거부한다. 평범하고 평화롭고 무해한 존재였던 것처럼 보이는 '외견'을 그 존재의 근원으로 거슬러 올라가 거부한다.[3]

3_小林勝, 「あとがき」, 『朝鮮 · 明治五十二年』, 新興書房, 1971, 219쪽. 강조는 원저자.

고바야시 마사루는 아버지 고바야시 도키히로(小林時弘)가 경상남도 진주농림학교 생물 교사를 하고 있었던 관계로, 1927년 경남 진주에서 태어났다. 이후 만 16년간 조선에서 생활했는데, 그 체험은 43년이라는 그의 짧은 생애와 15여 년에 걸친 작품 활동에서 대단히 큰 비중을 차지했다. 당연한 이야기지만 인간은 누구나 태어날 때 어떤 부모와 환경하에서 태어날지 스스로 선택할 수 없다. 우리가 비로소 자아를 자각하고 자기 인식을 지니게 될 때는 이미 세상에 태어나 살아가는 상태(being)-'존재'(being)인 것이다. 즉 사태의 순서로 말하자면 개개의 인간은 우선 세상에 내보내진 후에 일정한 시간이 지나고 나서야 사후적으로 자신이 자신임을 존재론적으로 인지하고, 자신의 내부와 외부를 의식적으로 분별하게 된다.

그렇다면 자신의 의식이나 의지와는 관계없이 식민자의 자식으로 태어나 식민지 조선이라는 시공간에서 유소년 시절을 보내게 된 고바야시 마사루 같은 재조일본인 2세들은 "무해(無害)한 존재"로서 식민지에서 일어난 일들에 대해 아무런 역사적 책무를 지지 않아도 된다고 이해해야 하는가? 이 같은 문제에 대해 우선 당사자인 고바야시 마사루는 '조선'에 대한 "내 안의 그리움을 거부한다"는 언명을 통해 '그렇지 않다'고 답변하고 있다. 고바야시 마사루가 생전에 마지막으로 남긴 에세이 「'그립다'고 해서는 안 된다(「懐しい」といってはならぬ)」(1971)에서도, 그 제목이 단적으로 표명하고 있듯이 '조선'을 안일하게 그리워하는 자신을 거부하고자 하는 그의 사유를 볼 수 있는데, 실제로 이 같은 자신의 사상과 보조를 맞추듯 그의 후기 작품군에는 전후 일본에서 식민지 조선에 관한 기억으로 고뇌하는 재조일본인 2세 출신의 남자 주인공의 심리를 형상화한 소설이 많다.

문예잡지 『분게이(文藝)』 1967년 11월호에 발표된 중편소설 「눈 없는 머리」도 그중 하나로 만년의 고바야시의 문학적 주제를 뚜렷이 보여 주는 작품이다.[4] 소설은 1967년 현시점에서 결핵으로 두 번에 걸친 폐 절제 수술과 3년간의 요양소 생활을 마치고 퇴원한 사와키 신이 겪는 내외부의 변화를 묘사한다. 아내와 딸이 있고 40세가 되어 가는 사와키 신은 결핵으로 쓰러지기 전에는 출판사에서 일하고 있었고 이제 3년 만에 다시 사회 활동에 복귀하고자 노력하지만, 치료 후유증과 때때로 엄습해오는 "정체를 알 수 없는 불안"[5]이 그의 '과거의 기억'과 어지럽게 얽히면서 그에게 착란과 공포를 가져온다. 작품 속에서는 이런 사와키의 심리상태를 극대화시키는 '그로테스크'한 장면이 연출되는데, 그것은 우선 그가 수술을 받았던 병원을 다시 찾아 정기 진찰을 마치고, 산책 겸 거닐던 병동 옆 숲 속에서 맞닥뜨리게 된 기묘한 광경이다.

> 흰 레테르가 붙어 있는, 셀 수 없을 정도로 많은 병이었다. (…)
>
> 병 속에는 포르말린 용액이 담겨 있고, 그 속에 흰, 군데군데 희미하게 보랏빛을 띠고 한 면에 황폐한 구멍이 송송 뚫린 작은 벽 조각 같은 것이 가라앉아서 사

4_이 작품을 논의한 선행연구로는 하라 유스케, 「그리움을 금하는 것—조선식민자 2세 작가 고바야시 마사루와 조선에 대한 향수」, 『日本研究』 제15집, 고려대학교 일본연구센터, 2011; 朴裕河, 「小林勝と朝鮮—「交通」の可能性について」, 『日本文學』 第57卷, 日本文學協會, 2008년 11월; 磯貝治良, 「照射するもの、されるもの—小林勝の後期作品」, 『季刊三千里』 第30号, 三千里社, 1982年夏 등이 있다. 이 중 논문 전체를 통해 「눈 없는 머리」를 본격적으로 논의하고 있는 하라 유스케는 이 소설이 "식민주의 폭력의 복합적인 실상에 접근하려 한" 작품으로서, 가해와 피해의 관계를 "각기 별개의 것이면서도 나눌 수 없게 얽혀 있는 것으로 다시 파악"하고자 하는 고바야시의 사유를 보여 주고 있다고 평가한다. 이 글에서는 이 작품이 형상화하는 몇몇 인상적인 장면과 사건을 '괴물'과 연관시킨 논의를 통해 소략하게 재해석하고자 한다.

5_小林勝, 「目なし頭」, 『チョッパリ 小林勝小説集』, 三省堂, 1970, 167쪽. 이하 작품 인용은 괄호 안에 쪽수만 표기함.

> 와키 쪽을 향하고 있다.(187~188쪽)

숲 속에서 우연히 마주친 '고스트 타운' 같은 느낌의 목조 건물 속으로 이끌리듯 들어간 사와키는 그곳에서 유리병 속에 담긴 무수한 인간의 폐를 보게 된다. 그곳은 결핵환자의 폐 등 장기의 표본을 저장하는 병원의 보관동이었고, 표본은 각 방마다 연도별로 정리되어 있었는데, 우연히 사와키가 들어간 방에는 '쇼와(昭和)13년(1938년)'이라는 레테르가 붙은 병들이 진열되어 있었다.

> 이것들은 쇼와13년의 결핵이라는 움직일 수 없는 시간의 칼로 잘라 내어진 사자(死者)들인 것이다. 그냥 사자가 아니라 쇼와13년의 사자이자 쇼와13년의 결핵의 역사이고, 바꾸어 말하면 쇼와13년이라는, 영구히 소실되어 버렸다고 여겨지던 시간이 여기에 이 같은 모습으로 존재하고 있는 거다.(189쪽)

그 '폐의 벽'으로 둘러싸인 방에 서서 사와키는 현재인 "쇼와42년[1967년—인용자]에서 쇼와13년 한가운데로 갑자기 내던져진 듯한 기분에 빠지"(190쪽)게 되는데, 이 같은 기분이 촉발하는 연상 작용은 쇼와13년에 있었던 한 사건의 '기억' 속으로 그를 다시 소환한다. 쇼와13년, 즉 1938년 당시 근처에 낙동강이 흐르는 경북의 한 마을에서 소학교 5학년이었던 사와키 신은, 한여름 어느 날 어머니가 맡긴 계란을 들고 이경인의 집을 찾아간다. 18세의 이경인은 사와키의 아버지가 교사로 근무하는 그 지역 농림학교의 사환이자, 사와키의 동급생 이두식(작품에서의 표기는 '李トショク')의 형이기도 했다. 평소 일본인 애들을 괴롭히는 난폭한 이두식과는 달리 형인 이경인은 사와키에겐 친절한 '좋은 사람'이었고 소년 사와키도 이경인을 따르고 있었다.

> 매미를 잡아 주었다. 장수잠자리를 잡아 주었다. 썰매를 만들어 주었다. 부엉이의 큰 둥지를 짚으로 엮어 주었다. 포플러로 풀피리를 만들어 주었다. 중화 만두를 시장에서 몰래 사다주었다. 덫으로 종달새를 잡아 주었다. 물고기 낚시하는 법을 가르쳐 주었다. 시장에서 건포도가 든 조선떡을 먹여 주었다. 아버지도 어머니도 가르쳐 주지 않은 것, 모르는 것, 금지한 것, 그것들을 가르쳐 준 것이 사환인 이경인이다.(198쪽)

그런데 이경인은 농림학교 학생들의 '독립운동'을 주도한 혐의로 경찰에 끌려가 심하게 피를 토할 정도로 고문을 당하고 학교 사환직도 해고당한다. 평소 폐병이 있던 이경인은 몸이 쇠약해질 대로 쇠약해진 상태에서 일용 노동일을 하다 무리해서 쓰러지고, 평소 친분이 있던 사와키의 어머니가 위문 차 그에게 계란을 갖다주라고 사와키를 보낸 것이다. 이경인의 집 온돌방 앞에 선 소년 사와키는 어두운 문짝 안에서 흘러나오는 "콧속을 찌르는" "오싹할 정도로 사악한 냄새"(198쪽)를 맡으면서 전율하지만, 이경인을 불러 본다. 하지만 그날 사와키 신이 조우하게 되는 것은 "언제나 상냥한 웃는 얼굴이었던 이경인"이 아니라, "캄캄하고 사악한 냄새가 자욱이 끼는 저쪽 세계로 연결되어 있는 터널의 출구"(203쪽)에서 기어 나온 듯한 '괴물'의 형상이었다.

> 사와키는 어안이 벙벙했다. 그가 전혀 본 적 없는 미지의 얼굴이 그곳에 있다.
>
> 그는 믿을 수 없다. 그래서 그가, 이(李) 상, 하고 불러보자, 그 낯선 얼굴이, 응, 하고 이경인의 목소리로 대답한다. 사와키는 무서워졌다.
>
> 이경인의 얼굴은 원래 희고 포동포동 둥글다. 눈꺼풀이 졸린 듯 두툼하고 약

간 붉다. 하지만 지금 그의 앞에 있는 얼굴은 전혀 살 같은 게 아니라 뺨도 눈도 움푹 패여 누르스름했고 코가 무서울 정도로 뾰족해져 튀어나와 있다. 머리카락이 더부룩하게 자랐고 움푹 패인 눈가는 그림물감으로 칠한 듯이 거무스름해져 있다. 그는 무서웠다. 그는 도망치고 싶어졌다.(199~200쪽)

재조일본인 사회 내에서 아이들에겐 그 말조차 금기시되던 '독립운동'이 뭔지 '공산주의'가 뭔지 제대로 이해하지 못하고, 또한 '사건'의 전말을 전혀 알 수 없었던 사와키는, 이경인의 모습이 왜 그렇게 변모할 수밖에 없었는지 영문도 모르는 '순진무구한' 재조일본인 2세였다. 그런 소년 사와키 신에게 그날의 이경인은 마치 어둠 저편 세계에서 튀어나온 듯한 그로테스크한 괴물처럼 보였고, 그 모습뿐 아니라 태도까지도 돌변했다. 사와키의 어머니가 보내온 계란을 차갑게 거부하면서 깨부순 것이다.

"엄마가 걱정하고 있어."

그러자 그 남자는 눈의 흰자를 드러내고 그를 노려보며 차가운 웃음을 띠었다.

"너희들이 뭔 소릴 하는가."

이때 사와키의 작은 가슴에 갑자기 증오가 끓어올랐다. 이두식이, 그리고 이 남자가 견딜 수 없을 정도로 밉다. 그가, 어린아이인 그가 뭘 했단 말인가. (…) 이 남자는 엄마가 특별히 들려서 건넨, 마음에서 우러나온 친절의 달걀을 눈앞에서 부숴서 물리치고 있다. 그로서는 영문을 몰랐다. 그나 엄마가 나쁜 짓을 두 사람에 대해 요만큼이라도 했다면 참기라도 하겠다. 사와키는 몸을 떨었다.(201~202쪽)

이경인이 거부하고 깨부순 것은 총체로서의 '일본인'이 행하는 식민지에서의 폭력과 식민자의 '위선'이었지만, '무구'한 소년 사와키로서는 "태어나서 처음으로 아이로서는 결코 이해할 수 없는, 무언가 정체를 알 수 없는 무서운 것에 부닥친"(202쪽) 느낌이었던 것이다. 이경인은 몸을 회복하지 못하고 1938년 가을에 사망했고, 사와키 신은 훗날 성인이 된 전후의 일본에서 1938년의 이경인이 '괴물'이었던 것이 아니라, 실은 1938년 '대일본제국 조선 경상북도'의 작은 마을에 거주했던 일본인 총체가 '괴물'이었음을 깨닫게 된다. 설령 어린아이로서 조선에서 지내는 동안 조선인에게 '직접적'인 피해를 주지 않고 평범하고 무해하게 지냈다고 하더라도, 재조일본인 2세로서 자신이 그때 그곳에 조선에 있었다는 사실의 의미, 그 역사적인 사태에 대한 '공동책무'를 사와키 신은 전후의 일본사회에서 사후적으로 통감하게 되는 것이다.

> 전후 일본에 살게 되면서부터 사와키는 다소 학문을 배우고, 자신이 살아온 길을 뒤돌아보았을 때에 거기에 식민지 조선이 가로막고 있음을 보았다. 식민지라는 것이 도대체 뭔가를 그가 이해했을 때, 그는 말로 형언할 수 없는 무거운 것이 덮쳐오는 것을 느끼고, 일본인인 사와키는 조선인에 대해 부채를 지고 있음을 확실히 알았다. (…) 사와키가 무모하다는 걸 알면서도 당의 군사방침에 따라 조선전쟁[한국전쟁—인용자]을 반대하는 비합법 데모를 하고, 조선인 소학생과 중학생에게 경찰부대가 덮치는 것을 저지하려고 화염병을 던지다 체포된 것도 그걸로 조금이라도 조선에 부채를 갚고 싶다고 바란 것이 커다란 동기였다.(232쪽)

이처럼 작품 속 서사는 사와키 신의 심리 과정과 전후 활동, 투병생활 등을 엮어 내면서 역사적 경험에 대한 한 개인의 기억을 전후 일본사회의 '망각'=병폐에 대한 안티테제로서 일깨우고 있다.

3. 「일본인 중학교(日本人中學校)」론 : '괴물'의 탄생

고바야시 마사루가 1950년대 후반에 발표한 초기 작품군을 보면 식민지 조선에 거주하는 일본인 소년을 주인공으로 한 소설이 많다. 그중 잡지 『문학계(文學界)』 1957년 2월호에 발표된 단편소설 「일본인 중학교」는 고바야시 작품 중에는 드물게 작가 자신이 실제로 경험한 사건을 제재로 삼아 재구성한 작품이다.[6] 소설 속 서사는 1942년 봄, 대구의 일본인 중학교를 무대로 젊은 신임 영어교사 우메하라 겐타를 둘러싼 일련의 사태 추이를 주로 3학년 학생 미즈토리 고로의 시선과 의식을 통해 그려 내고 있다.[7] 도쿄고등사범학교(현 쓰쿠바筑波대학)를 갓 졸업하고 대구중학교로 새로 부임한 우메하라 겐타는, 볼품없고 피곤에 찌들어 무기력해 보이는 기존의 다른 교사들과는 달리 "몸속에 투명한 태엽이 그 한계점까지 감겨 있어서 스스로도 억제할 수 없을 정도로 내부의 에너지로 충만해 있는" "개성적인 청춘"이었다.[8] 소년 고로는 세련된 스타일과 도쿄 사람 특유의 마키지타(ま

6_고바야시는 에세이 「'그립다'고 해서는 안 된다」에서 자신의 소설 속 대부분의 등장인물과 설정은 상상력의 산물이라고 전제한 뒤에, 그러나 예외도 있어서 「일본인 중학교」의 경우 "이 이야기는 사실에 입각해 있다"고 밝히고 있다(小林勝, 「「懐かしい」といってはならぬ」, 『朝鮮文學』, 新興書房, 1971년 1월. 이 글에서는 『小林勝作品集 第1巻』, 白川書院, 1975의 해설에서 재인용.

7_이 작품을 논의한 선행연구로는 하라 유스케, 「고바야시 마사루(小林勝)와 최규하(崔圭夏)」, 『사이間SAI』 제12호, 국제한국문학문화학회, 2012; 李元熙, 「고바야시 마사루 문학에 나타난 식민지 조선」, 『日語日文學研究』 제38집 1권, 한국일어일문학회, 2001; 磯貝治良, 「原風景としての朝鮮—小林勝の前期作品」, 『季刊三千里』 第29号, 三千里社, 1982年春; 安宇植, 「小林勝と朝鮮」, 『戰後文學とアジア』, 毎日新聞社, 1978 등이 있다.

8_小林勝, 「日本人中學校」, 『小林勝作品集 第1巻』, 白川書院, 1975, 104쪽. 이하 작품 인용

きる舌: 혀끝을 말듯이 하여 강하게, 또는 빠르게 말하는 어조)를 구사하는 우메하라 선생님이 도쿄 토박이임을 확신하며, 이후 소탈한 성품의 우메하라는 고로뿐 아니라 "99퍼센트가 식민지에서 태어난"(105쪽) 이들 재조일본인 2세 중학생에게 선망의 대상이 된다.

> 우메하라 겐타는 몇 개월 지나기도 전에 학교 내의 인기를 그 한 몸으로 끌어모은 듯했다. 그의 영어 발음은 실로 유창했다. 강의는 문학적이었다. 학생들에 대해서는 엄격했지만, 수학 교사와 같이 학생을 때리는 일은 절대로 없었다. 그는 빠른 어조의 마키지타로 때때로 도쿄에서 보낸 학생시절 이야기를 해주었는데, 그건 실로 자유롭고 신선해서 학생들을 매료시켰다. 하지만, 일단 밖으로 나가면 그는 금세 교사임을 내려놓고 그저 보통의 친구가 되었다.(109쪽)

그런 어느 날 갑자기 학생들 사이에 우메하라 선생님이 실은 '조선인'일지도 모른다는 "꺼림칙한 의혹"(109쪽)이 돌기 시작한다. 불신과 불온한 공기가 감도는 교실의 미묘한 분위기 속에서 물끄러미 우메하라를 관찰하던 고로의 눈에는 이제까지 "순수한 도쿄"(111쪽)를 체현한 모습이라고 믿어 의심치 않았던 우메하라의 모든 것이 조선인의 특징을 암시하는 것으로 변모해 보이기 시작한다.

> 선생님 머리는 묘하게 가르마가 확실하네. 저렇게 더덕더덕 포마드를 처바르고 있으니까. 일본인 어른들은 점점 까까머리가 돼가고 있는데 저래서야 마치 조선인 모던 청년과 똑같지 않은가? 저만큼 포마드를 발랐는데 아직 뒤쪽 머리카락이 약간 서 있는 것도 이상하다. 저건 머리 뒤쪽이 절벽이기 때문이야. 아기 때부

은 괄호 안에 쪽수만 표기함.

> 터 딱딱한 온돌방에서 자는 조선인에게는 저런 머리 모양이 많으니까 말이야. 아, 웃었다… 저 깨끗한 새하얀 이는 어떤가? 조선인에게는 튼튼한 흰 이를 가진 자가 많지만, 저것도 일본인처럼 어릴 때 단 것을 그다지 먹지 못하기 때문이야. 게다가 놈들은 실로 정성껏 이를 닦으니까 말이야. 치약을 살 수 없는 놈은 소금으로 닦으니까. 아, 말하고 있다… 저 마키지타는 어떻게 된 걸까? 조선말에는 마는 듯한, 짜내는 듯한, 혹은 굴리는 듯한 어려운 발음이 많으니까 마키지타 따위야 하려고 하면 쉬운 거겠지.(111~112쪽)

이처럼 고로의 의식을 통해 적나라하게 표출되는 재조일본인 2세들의 조선인에 대한 차별의식과 우월감은 부모 세대의 영향을 받아 형성된 것으로 그려진다. 가령 고로의 아버지는 그 마을의 경찰관[警部]인데, 그는 일찍이 '만세사건'=3·1 독립운동이 일어났을 때 만세를 부르짖는 마을 조선인들의 위세에 공포와 분노를 느끼다 그만 실수로 평소 안면이 있는 조선인 노인을 총으로 쏴 죽이고 만다. 이후 고로의 아버지는 자신의 과오를 조선(인)에 대한 경멸과 증오로 전이시켜 "조선인만큼 신용할 수 없는 놈들은 없다"(108쪽)며 기회 있을 때마다 고로에게 부정적인 조선인 이미지를 심어 주었고, 조선인 사회와는 어느 정도 격리된 재조일본인 사회 속에서 '품어져' 자란 고로의 무/의식 속에서 왜곡된 조선인관은 서서히 뿌리내리게 된다.

작품 속에서 재조일본인 1세대인 부모들은 본국 고향에 대한 그리움으로 언제나 실제보다 이상화된 '고향 이야기'를 자신의 아이들에게 들려주었고, 식민지 조선에서 태어나 자라서 아직 한번도 '내지'에 가본 적이 없는 재조일본인 2세 아이들은 어릴 때부터 들어온 부모들의 고향 이야기에 자신의 상상력을 자의적으로 덧칠하면서 더욱 '이상화'된 내지의 이미지를 자신의 심상에 주조해 냈다. 그런 이미지가 무조건적인 동경과 상상 속에서 만들어진, 실제 일본과는 유리된 '어디에도 없는 곳'(utopia)[9]=이상향(Utopia)임은 쉽게 알 수 있는데, 문제는 단순히 자연과 풍물을 둘러싼 우열만이 아니라 부모 세대가 지닌 식민자 의식과 조선(인)에 대한 차별의식, 편견, 멸시감 등도 그대로 2세들에게 내면화되는 사태가 발생한다는 점이다. 하라 유스케는 이를 아이들이 "식민자의 세계관을 내면화해 가는 과정"[10]으로 파악하는데, 작품 속에서는 이 같은 오만한 식민자 의식에 사로잡힌 학생들이 '순진무구'한 아이에서 잔인한 '괴물'로 돌변하는 모습을 다음과 같이 묘사하고 있다.

4학년의 한 학생이 스모(相撲)를 한다고 벗어 둔 우메하라 선생의 양복에서 '최(崔)'라는, 창씨개명 전의 성씨를 발견했고, 이 소식은 순식간에 학교 전체에 퍼져 학생들 사이에는 탄식과 노성과 비웃음이 일어났다.

> 뉴스를 들은 다음날, 영어 시간을 앞두고 누가 말을 꺼냈다 할 것도 없이, 사건은 갑자기, 게다가 자연스럽게 일어났다. 교실 안은 이상한 활기로 넘쳐흐르고 있었다. 한 녀석이 좀 더러워진, 누덕누덕 기운 창문 커튼을 힘껏 잡아 찢었다. 그러자 몇 명이 와-하고 환성을 질렀다. 교실 밖에서 새된 웃음소리를 내면서 3, 4명의 소년이 뛰어 들어왔다. —있었어, 힛힛, 있었어… 그들은 양손을 내밀었다. 그러자 소란은 한층 커졌다. 뒤쪽에 있던 녀석이 죽도로 책상을 두드리기 시작했다. 그것은 교정 어딘가에 굴러다니고 있었을 깨진 오지그릇과 이가 빠진 찻잔이었다. 금세 준비는 끝났다. 교탁에는 그 커튼이 보란 듯 기운 자국을 드러내고서

9_주지하듯이, 유토피아(utopia)는 토마스 모어(Thomas More)가 그리스어의 '없는(ou-)', '장소(toppos)'라는 두 말을 결합하여 만든 용어다.

10_하라 유스케, 「고바야시 마사루(小林勝)와 최규하(崔圭夏)」, 『사이間SAI』 제12호, 국제한국문학문화학회, 2012, 147쪽.

씌었다. 그 위에 오지그릇과 찻잔이 늘어 놓였다. 기숙사생이 가져온 낡은 부채가 구석에 놓였다. (…) 또 한 녀석이 교단에 올라가 흑판에 크게 글씨를 썼다.

야담 신·압록강타령 일룡 최정산(講談 新・鴨綠江節 一龍 崔貞山)

그 녀석은 최(崔) 자 옆에 겹 동그라미를 덧붙였다. 그리고서 고로를 포함한 학생들은 괴이한 흥분에 휩싸여서 쥐죽은 듯 입을 다물었다.(115~116쪽)

이 섬뜩한 열기와 괴기한 정적으로 가득 찬 교실의 장면은 식민지에서 배태된 새로운 '괴물'들의 탄생을 보여 준다. 이소가이 지로는 이 「일본인 중학교」를 비롯하여, 「소(牛)」(1956), 「개(犬)」(1959) 등 고바야시의 초기작품에서 묘사되는 "일본인 소년들의 조선인에 대한 오만과 멸시는, 부정형(不定型)적인 어린 잔혹함을 포함한 그것이었다 하더라도, 부모인 식민자들의 의식의 투영으로써"[11] 형성되었다고 파악하는데, 이 작품에서 고로의 아버지로 대표되는 부모 세대의 왜곡된 식민자 의식은 그 2세들에게 대물려지면서 어린아이 특유의 잔인함과 어우러져 표출되고 있다. 이어서 아무것도 알아차리지 못하고 교실에 들어온 우메하라 겐타의 반응과 그 이후의 행적은 식민지조선 출신 지식인의 고뇌를 여실히 보여 준다. 이 글에서 주목하고자 하는 것은 고바야시 마사루가 이 같은 식민지에서의 '이야기'를 전후 일본에서 형상화해서 발화하는 그 역사적인 위치와 문제의식이다. 한국전쟁과 그 특수 경기에 의해 일본은 전후 경제부흥을 이뤄 나갔고, '55년 체제'가 성립되면서 "더 이상 '전후'가 아니다"라는 선언과 자신감이 점차 일본의 정치, 경제, 문화 등 여러 분야를 채워 갔다. 더불어 식민지 기억을

11_磯貝治良, 「原風景としての朝鮮—小林勝の前期作品」, 『季刊三千里』 第29号, 三千里社, 1982年春, 212쪽.

완료된 과거로 간단히 정리해 버리고 망각하려는 전후 일본사회의 풍조 속에서 고바야시 마사루는 그 식민지에서의 경험과 회한을 일본의 전후 세대에게 전하고자 의도했고, 그의 문학적 표현은 그 실천의 일환으로서 이해할 수 있다. 소설의 결말을 보자. 우메하라 겐타가 "—내가, 너희들에게, 무슨 짓이라도 했니…"(116쪽)라는 말을 남기고 학교를 떠난 뒤, 고로는 우메하라와 곧잘 연습하던 배구 코트를 바라보다 다음과 같은 "정체를 알 수 없는 불안"에 휩싸인다.

> 갑자기 고로는 날카롭게 마음이 아파 옴을 느꼈다. 그 통증은 사라지는가 싶더니, 다시 덮쳐왔다. 오른쪽 배가 욱신욱신 아프면 혹시 맹장염이 아닐까 하는 불안에 사로잡히듯이, 고로의 마음 속 어딘가가 어렴풋이 아프기 시작해, 그것이 무엇을 예고하는지도 모른 채 정체를 알 수 없는 불안이 그의 몸에 들러붙은 것을 느꼈다.(118쪽)

여기서 고로가 마음속으로 느끼는 '통증'과 '불안'은 괴물에서 '인간'으로 돌아오게 될 때 한 개인이 사후적으로 느끼는 양심의 가책이자 회한을 표현한 것일 터이다. 그리고 이 같은 작품 속 형상화는 과거 '제국'의 역사를 말하는 것 자체를 '소아병적'이라고 할 만큼 금기시하고 망각·은폐하고자 했던 전후 일본사회의 풍조 속에서 일본인의 총체적 식민지 경험을 다시금 환기시키는 하나의 제유(提喩)로서 기능할 수 있고, 식민지 지배와 전쟁 경험이 없는 일본의 전후 세대에게 세대 간의 경험과 이야기를 전하는 내적 추동력을 지닌 것이다.

6장

고바야시 마사루 문학의 역사적 '가교'로서의 가능성

이 글에서는 작가 고바야시 마사루의 문학텍스트 자체가 갖는 '가교(架橋)'로서의 가능성에 주목하고자 한다. 이 글에서 말하고자 하는 '가교'로서의 가능성이란 다음의 두 가지 사항을 의미한다. 첫째는 '일본인' 세대 간의 역사적 경험에 대한 기억의 분유(分有)와 계승을 가능하게 하는 텍스트로서, 둘째는 '조선'(한국/북한)과 일본의 진정한 '가교'는 불가능에 가까운 기획임에도 불구하고, 적어도 그 '불가능성'의 역사적 연원을 양자가 '통절'히 인식, 공유해 볼 수는 있을 가능성으로서의 내적 추동력을 고바야시 마사루 문학텍스트가 갖고 있다는 것이다.

1. 「쪽발이(蹄の割れたもの)」(1969)라는 안티테제(Antithese)

1) 되살아난 '조선', '나' 안의 안티테제

일본의 문예잡지 『분게이(文藝)』 1969년 2월호에 발표된 고바야시 마사루의 소설 「쪽발이」는 우선 '일차적으로는' 수합되지 않는 '나' 안의 안티테제를 형상화한 작품으로 읽을 수 있다. 작품 속 서사는 1968년 가을 어느 토요일이라는 현시점에 도쿄의 한 종합병원에서 시작된다. 작품의 화자 '나'=가와노는 폐 외과 전문의로 자신이 담당하는 환자 나시야마 옥렬과의 대화 중에 "내 내면에 존재하는 시커먼 힘"[1]이 다시 미묘하게 꿈틀거리며 되살아남을 느낀다. 결핵 환자인 나시야마는 일본성을 가졌지만 국적이 '조선'인 중년의 재일조선인이다. 그는 수술 후에도 혈청 간염의 잠복 위험이 있어 장기간 입원을 권유하는 주치의 가와노에게, 자신의 젊은 일본인 아내와의 관계 유지를 불안해하면서 퇴원을 무리하게 조른다. 자신이 '조선인'이면서 아내가 '일본인'이라는 사실이 어떤 일인지 이해할 수 있겠느냐며 호소하는 나시야마의 언행은, 일찍이 "조선에서 인양해 온 자"(18쪽)인 가와노에게 "한 무리의 빛, 색, 모양, 냄새, 그리고 촉각들을 자신의 가슴 속 어둠의 늪 속에 밀어 넣"(7쪽)으면서, 1945년 8월 이후 23년이라는 시간 동안 묻을 수 없었지만 애써 피해 왔던 자신의 '과거'를 소환해 가와노의 내면에 현현시킨다.

> 그리고 결국 그 경련과 그 목소리는 내 몸 어둠 속에서 하나의 경련과 목소리를, 그리고 그것을 꿰찌르면서 형형하게 빛나는 젊은 여자의 눈을 끌어내려고 내 몸 깊숙이 꽂히기 시작한 것 같았다.(17쪽)

1_小林勝, 「蹄の割れたもの」, 『文藝』 1969년 2월호, 河出書房. 이 글에서의 작품 인용은 『チョッパリ―小林勝小説集―』, 三省堂, 1970에 수록된 텍스트 쪽수에 의한다. 12쪽. 이하 작품 인용은 괄호 안에 쪽수만 표기함.

주지하듯이 근대 제국주의는 자신의 정체성을 확립시키기 위해, '타자'를 자신의 반대편에 위치시켜 하나의 짝을 이루는 이분법(Self/Other)적 인식론을 발전시켰다. 에드워드 사이드(Edward Said)가 그의 대표적 저작인 『오리엔탈리즘(*Orientalism*)』(1978)을 통해 서구 제국주의가 어떻게 식민지적 '타자'를 구성했는가를 밝혔듯이, 그 이분법에는 남성/여성, 문화/자연, 문명/야생 같은 정형화된 도식이 있다. 식민지를 여성, 자연, 야생 등으로 표상하는 언설이 제국주의가 식민지화를 정당화하는 '타자 담론'으로서 만들어 낸 것임은 이제 말할 필요도 없지만, 1943년 조선 남부지방에서 중학교 4학년[2]이 된 가와노와 새로 이사 간 집의 젊은 조선인 하녀(女中) '에이코'(실은 옥순이)의 관계는 이 같은 이분법적 도식 위에서 '일단' 시작된다.

> 나는 중학 4학년이 막 된 참이었다. 내 아버지는 개업의였다. 그리고 이 작은 마을의 거의 중심에 있는 큰 이 집—겉은 의원 모양새로 되어 있다—을 동향(同鄕) 출신인 노의사는 아버지에게 물려주고, 가재를 정리해 현해탄을 건너 일본 내지의 고향으로 돌아간 것이다. 이때 그는 두 가지를 남기고 갔다.(32쪽)

그 '두 가지'란 집에서 키우던 덩치 큰 검은 개와 젊은 조선인 하녀였는데, 도끼로 솜씨 좋게 장작을 패는 그 조선인 하녀를 신기해서 '관찰하는' 주인집 외동아들 '나'와 그녀의 관계는 실로 '식민자 남성/피식민자 여성, 관찰하는 자/관찰되는 자'라는 구도 위에 정위해 있을 뿐 아니라, 거기에는 주인/하녀라는 신분적 위계 관계도 더해져 있다. 특히 가와노는 무엇보다 에이코의 체취에 민감하게 반응하는데, 그것은 우리 '일본인'과는 다른 이

2_식민지기의 '중학교'란 현재의 중·고등학교의 교육과정을 담당하고 있었고, 보통 5년제였다.

질적인, 야생의, 자연의 '조선' 냄새로 표상된다.

> 땀을 흘리고 있는 에이코로부터 내 생활과는 완전히 이질적인, 확실히 일본인이 아닌 강하고 진한 냄새가 피어올라 내 몸을 감쌌다. 부추와 파와 마늘 냄새, 참외와 대추와 양까치밥나무와 사과 냄새, 기름종이와 건조한 짚 냄새, 소의 늑골과 해초와 단감 냄새, 대구와 명란젓과 갈치와 방어 냄새, 진달래와 개나리와 도라지 냄새, 은어와 피라미와 낙동강물 냄새, 마른 소똥과 흑돼지 냄새—그 모든 것이 녹아든 짙고 강렬한 에이코의 냄새.(41~42쪽)

흥미로운 점은 작품 속 '나'와 에이코의 중층적인 위계관계가 점차 전복되어 양자의 위치가 역전되어 가는 양상을 보인다는 사실이다. 이는 주로 '개'를 매개로 이루어지는데, 전 주인이 키우던 '페치카(ペチカ)'[3]라는 이름의 덩치 큰 검은 개는 '나'를 보면 언제나 "여긴 네 집이 아니다"(36쪽)는 듯이 사납게 짖으며 위협하고, '나'는 좀처럼 길들여지지 않는 페치카를 무서워한다. 그런데 사나운 페치카는 한편으로 에이코를 가장 무서워하며, 종종 그녀가 가하는 심한 학대에도 꼼짝없이 당하고만 있다. 몸집이 작은 '나'보다 크고 탄탄한 체구에 육감적인 느낌마저 주는 에이코는, 가와노가 이해하기 힘들 정도로 잔인하게 페치카에게 폭력을 가한다. 그리고 이런 광경에 압도당하는 가와노는 "아직 일찍이 맛본 적 없는 오한이 드는 듯한 떨림이 나를 덮치"(38쪽)는 느낌을 받는데, 여기서 에이코가 자행하는 심한

3_일본에서 'ペチカ'라는 단어는 러시아식 난방기구, 난로를 말한다. 1880년 무렵 홋카이도를 경유해 보급되었고, 석유스토브 보급 이후에는 그 사용이 줄어들었다. 작품 속에서 작가가 개의 이름을 일부로 '페치카'로 설정했는지, 또 만약 그렇다면 그 이유와 의미는 무엇인지에 대해 필자는 가늠하지 못하고 있다.

학대행위는 개를 매개로, 조선(인)에게 가해지는 식민지 체제의 폭력을 역으로 일부러 보란 듯이 일본인인 '나'에게 펼쳐 보이는 일종의 은유적 퍼포먼스로 여겨진다. 왜냐하면 "에이코는 내가 거기에 숨을 삼키고 우두커니 서 있는 것을 확실히 알고"(39쪽)서 개를 학대하기 때문이다. 그리고 이 같은 상황설정에는 또 하나의 암유가 함의된 것으로 여겨지는데, 작품 속에서 개 페치카는 조선인이 일본인에 대해 "인간의 모습을 하고 있으면서, 개새끼보다 못한 짐승"(20쪽)이라는 경멸과 증오를 담아서 부르는 말, 즉 '쪽발이(蹄の割れたもの)'를 대신하는 환유적 대상물로 설정된 것으로 보인다.

에이코 자신도 또한 일본(인)의 식민지 지배에 우회적으로 저항감을 표출하고 있다. '진짜 이름'을 묻는 '나'에게 에이코는 굳은 얼굴로 눈 꼬리를 치켜올리며 "그 외에는 이제 아무런 이름도 없으니까, 그걸 잊지 말라고 관공서 직원이 말했어요. 그러니까 나는 이제 에이코라는 이름밖에 없는 거예요"(35쪽)라고 대답한다. 이처럼 자신의 본명(옥순이)을 말하려 들지 않는 에이코의 태도는 강요된 창씨개명에 대한 거부감와 저항을, 강한 부정을 통해 역설적으로 표출하는 방식으로 이해할 수 있다. 이런 에이코에게 '나'는 일종의 두려움과 함께 강한 혐오감과 차별의식도 지니고 있다. 차별의식은 가령 에이코를 가까이 하면 "내 몸이 물들어 버린다. 에이코의 냄새가 스며들어 버린다"(42쪽)라는 식으로 표출되곤 하는데, 한편으로 사춘기 소년인 '나'는 그녀에게서 알 수 없는 성적 매력을 강하게 느끼곤 한다. 양친이 볼일로 집을 비운 여름 어느 날, 학교에서 단체로 행하는 '근로봉사'를 마치고 일찍 집으로 돌아온 '나'는 아무도 없다고 생각하고 들어간 거실에서 낮잠을 자고 있는 에이코를 발견하고 충동적인 흥분에 휩싸인다. 조심스럽게 몸에 손을 대도 좀처럼 깨지 않는 에이코에게 '나'가 행한 행위가 어떤 것이었는지는 작품 속에서 명확히 묘사되지 않지만, 문맥을 통해 그것이 성적인 행위였음은 짐작할 수 있다. 그런데 도망치듯 거실에서 나온 '나'는 "열린 문 그늘에 몸을 숨기듯이 해서, 근처 사과 과수원집의 오우치 기요시가 보자기를 든 채 서 있는 것"(48쪽)을 발견한다.

> 그 녀석은 도대체 언제 온 거야라는 의문이 떠오르고, 말이 종소리처럼 머릿속에서 울려 퍼지고 현기증이 났다. 그 녀석, 무얼 본 거야, 본 건가, 본 건가, 본 건가… 만약 보이지 않았다 하더라도 그 녀석은 뭔가를 알아차린 건가, 알아차린 건가, 알아차린 건가… 왜 [오우치는—인용자] 겁냈던 거야, 왜, 왜, 왜…(49쪽)

동급생인 오우치에게 자신의 행동이 '보여졌'을지도 모른다는 '나'의 불안과 수치심은 강박적인 의심과 천착으로 이어지고, 게다가 잠시 후 내 방으로 찾아들어온 에이코는 "목 안에서 입속 웃음을 지으면서 실로 상냥하게 속삭였다. 정말로 나는 잘 자고 있었어요. 아무것도 몰랐어요. 쪽발이…"(51쪽)라는 말을 남기고 나간다. 작품 속에서 형상화한 이 사건이 식민지 2세 소년의 개인사에 강렬한 '상흔(trauma)'으로 남겨지게 될 것임은 짐작할 수 있다. 일본의 패전으로 조선이 해방된 직후 에이코는 '나'에게 자신의 진짜 이름이 '옥순이'임을 알리고, '나'는 그녀가 "나는 옥순이, 그리고 당신은 쪽발이"(57쪽)라고 눈빛으로 말하고 있음을 읽어 낸다.

그런데 '인양' 후 23년이 지난 현시점의 도쿄에서 '나'=가와노는 '오우치 기요시'의 소개를 받고 찾아왔다는 두 명의 대학생을 병원 내 커피숍에서 만나게 된다.

> 오우치 기요시, 오우치 기요시. … 돌연 나는 뭔가 격렬하게 얻어맞은 듯한 충격을 느꼈다. … 그 오우치 기요시라는 발음이 무수한 가시가 되어 내 부드러운

입 안 가득히 걸려 내 구강을 아프게 하는 것을 느꼈다.(24쪽)

현재 도쿄의 한 출판사에서 근무하고 있다는 오우치는 '재일조선인문제를 생각하는 학생과 시민의 모임'이라는 연구회를 조직해서 리더로서 활동하고 있었고, 가와노를 찾아온 와세다(早稲田)대학 학생 호리와 가토 기쿠코는 오우치의 소개를 받고, 가와노가 이 연구회의 회원으로 가입해 지원해 주기를 바란다는 취지의 부탁을 하러 방문한 것이었다. 되살아 난 '과거'='조선'에 당혹한 가와노는 일단 회원 가입을 미루고, "아직 아직 도저히 오우치 기요시 등과 만날 수 있는 상태가 아닌"(59쪽) 자신을 재확인한다. 즉 이 작품은 주인공 가와노가 수합되지 않는 '나' 안의 안티테제='조선'과 마주 대할 준비가 아직 덜 된 것으로 형상화하고 있다. 다만 결말 부분에서 가와노는 비록 아직 수합되지 못했다 하더라도, 나시야마의 주치의로서 이제 자신의 '조선'을 "아무리 괴롭더라도" 짊어지고 나갈 것임을 마음속으로 다짐한다.

이 작품에서 가와노라는 인물이 '인양' 후의 일본에서 자신 속의 '조선'을 피하고 거부해 온 것은, 가령 '전후'의 일본인들이 오랜 기간 지녀 왔던 한국/북한에 대한 통속적인 차별의식이나, 낮은 호감도, 무관심과는 그 성격이 다른 것일 터이다. 그것은 일찍이 재조일본인 2세로서 자신이 의도치 않았다 하더라도 자신의 국가가 과거에 조선에 대해 무엇을 해왔는가를 '전후'의 일본에서 사후적으로 깨닫고 느끼는 죄장(罪障)의식과, 조선에서 있었던 개인적인 체험이 어지럽게 얽혀서 가와노 안에서 아직 소화되지 못하고 있는 상태라고 볼 수 있다. 따라서 이 작품은 일차적으로는 수합되지 않는 '나' 안의 안티테제='조선'을 형상한 작품으로 읽을 수 있는 것이다.

그런데 이 지점에서 이 글이 주목하고자 하는 바는 이 「쪽발이」라는 텍스트가 형상하는 한 개인사의 기술이 해방='전후' 70년, 한일병합조약 체결 100년이 훌쩍 지난 현재, '당사자 의식의 희박화'[4]가 만연한 일본의 '전후' 세대에게 조부모 세대의 식민지 경험과 기억을 전하는 '가교'로서의 가능성이다.

2) '전후' 세대론과 '일본인' 안의 안티테제

이른바 '전후' 50주년을 맞이한 1995년 8월 15일, 일본 내각회의의 결정을 거친 담화로서 당시 외교적으로 일본이 일본의 식민 지배를 가장 적극적으로 사죄한 것으로 받아들여졌던 '무라야마(村山) 담화'가 발표되던 날, 당시 신진당 중의원 의원 다카이치 사나에(高市早苗)는 다음과 같이 발언했다.

> 적어도 나 자신은 당사자라고는 할 수 없는 세대니까 반성 따위 하고 있지 않고, 반성을 요구받을 이유도 없다고 생각하고 있습니다.[5]

다카이치 사나에는 1961년 출생으로 근대 일본의 식민지주의가 자행한 폭력과, 만주사변, 중일전쟁, 아시아-태평양전쟁 등 일본이 패전에 이르기까지의 침략전쟁을 경험하지 않은 이른바 일본의 '전후' 세대다. 자신이 태어나기도 전의, 경험한 적도 없는 일을 '일본인'이라는 이유만으로 '당사

4_坪井秀人, 『戰争の記憶をさかのぼる』, ちくま新書, 2005 참조.

5_『朝日新聞』 1995년 8월 15일자 사설에서 인용. 덧붙여 아사히신문의 사설 「さあ自分の足で立とう 戰後50年 明日を求めて」에서는 다카이치의 발언을 비판하고 있다.

자' 의식이나 책임을 느껴야 한다는 일본 국내외에서의 '목소리'는 다카이치에게는 그야말로 당치도 않은 '궤변'에 다름 아닐 터이다. 조부모 또는 부모 세대의 '오욕'은 자신의 일이 아니고, "그런 일은 몰라요"라고 말하는 '전후' 세대의 이른바 '무구한(innocent)' 자기상[6]은, 1990년대 들어 식민지 지배와 침략전쟁으로 점철된 '조부들의 이야기'를, 역사를 '비틀어' 긍정하려는 가토 노리히로(加藤典洋)의 『패전후론(敗戰後論)』(1997), 고바야시 요시노리(小林よしのり)의 만화 『전쟁론(新ゴーマニズム宣言SPECIAL 戰争論)』(1998), 니시오 간지(西尾幹二)의 『국민의 역사(國民の歴史)』(1999) 등 일련의 논의가 전개되는 데에 정신적 토양이 되었다. 일본의 젊은 세대들은 '조부의 긍지'를 되찾고자 하는 일본의 우파 미디어, 이른바 '자유주의 사관' 그룹의 네오 내셔널리즘 논의를 '건전한 내셔널리즘의 복권'으로 받아들이면서 지지했다. 고바야시 요시노리의 『전쟁론』이 수십만 부의 판매 부수를 기록한 데서도 알 수 있듯이 이들의 저서는 일본의 '전후' 세대들로부터 폭넓은 인기를 얻었다. 주로 1990년대 이후 전개되어 온 이른바 역사주체 논쟁, 역사인식 논쟁의 내역을 여기서 일일이 따져 볼 수는 없다. 다만 "사람은 거기에 관여하고 있지 않는 한, 어떠한 문제에도 나는 관계없다고 하는 권리를 갖는다"[7]는 논의의 가부(可否)를 여기서 재고해 보고자 한다. 자신이 태어나기도 전의, 경험한 적도 없는 일은 '나'와 관계없다는 주장은 개인의 자유주의적 사고가 우세한 현대 사회에서는 일견 지극 타당한 '상식'인 것처럼 보이기도 한다. 가령 전쟁의 기억을 통해 "다른 사회 간의 화해와 용서의 가능성"을 모색하고자 한 후지와라 기이치(藤原帰一)조차도 다음과

6_加藤典洋, 『敗戰後論』, 講談社, 1997, 107쪽 참조.

7_加藤典洋, 『敗戰後論』, 講談社, 1997, 107쪽.

같이 단언한다.

> 나는 일본국민의 전쟁 범죄라는 이름하에, 개인으로서 전쟁을 한 것도, 범죄를 저지른 것도 아닌 후(後)세대에게 책임을 묻는 것은 부당하다, 바른 일이 아니라고 생각한다. 자신이 하지 않은 일에 대해 책임을 진다는 주장에는 거짓이 있기 때문이다.[8]

앞선 세대가 저지른 잘못을 현 세대가 책임질 수는 없다는 논리는 사실 여러 국가에서 폭넓게 확인할 수 있는 주장이다. 가령 과거 노예제에 대한 배상 문제를 둘러싼 미국 내 논쟁에서 헨리 하이드(Henry Hyde) 공화당 의원은 배상안을 비판하면서 "내가 태어나기도 전에 앞선 세대가 한 일을 내가 보상해야 하는 이유를 모르겠다"[9]고 말했다. 하지만 만약 그렇다면 이 글에서는 다음과 같이 가정해 보고자 한다. 식민지 지배, 전쟁을 경험한 세대가 고령화해 결국 '경험한 세대'가 모두 사망하고 나면, 바꿔 말해서 1945년 8월 15일 이후에 태어난 사람들로 '일본인'이 모두 채워진다면, 그 시점부터 '일본인'은 과거의 식민지 지배와 침략전쟁이라는 경험에 대해 아무런 책무를 지지 않아도 된다는 것인가? 분명 그렇지는 않을 것이다. 특히 동아시아의 젊은 세대가 앞으로의 공생적 미래관계를 모색해 나가는 데는 '일본인' 세대 간의 역사적 경험에 대한 기억의 분유(分有)와 계승이 제대로 이뤄져야 함이 관계개선을 위한 최소한의 전제가 될 터이다. 이 글은 일본

8_藤原帰一, 『戰争を記憶する　広島・ホロコーストと現在』, 講談社, 2001, 175쪽.

9_Henry Hyde quoted in Kevin Merida, "Did Freedom Alone Pay a Nation's Debt?," Washington Post, November 23, 1999. 마이클 샌델, 『정의란 무엇인가』, 이창신 옮김, 김영사, 2010, 297쪽에서 재인용.

의 '전후' 세대에게도 전전 세대 같은 '동죄(同罪)'가 있다고 주장하려는 것은 결코 아니다. 다만 직접적인 죄가 없더라도 져야 할 '공동책무'는 있다. 이는 빅터 프랭클(Viktor E. Frankl)의 논의를 차용한 것인데, 동죄와 공동책무의 구별에 대해 프랭클은 다음과 같이 지적한다.

> 저는 결코 국민은 모두 동죄(同罪)라는 입장에는 서지 않습니다. 하지만 그만큼 무시할 수 없는 일이 있습니다. 이 입장[자신은 직접 가담하지 않았다는 입장—인용자]은 설령 개인의 죄를 회피하려고 하는 것은 아닙니다만, 공동책무를 회피하려고 하는 사람들 측에서 발견할 수 있습니다. 그와 같은 사람들은 자신의 책임을 전가하려고 하는 것입니다.[10]

그 자신, 독일 나치스에 의해 아우슈비츠 등 강제수용소로 보내져, 아내를 비롯한 대부분의 가족을 잃은 오스트리아의 정신의학자 프랭클은 독일인에게 '동죄'는 아니지만, '죄 없는 책무'도 충분히 있을 수 있다는 사실을 상기시키는 것이다. 정의에 관한 일련의 논의로 우리 사회에서도 화제가 된 바 있는 마이클 샌델(Michael Sandel)도 공동책무를 인정하지 않는 '도덕적 개인주의'의 시각에 문제를 제기하면서, 공적인 삶에서 본질적인 도덕 문제를 다루지 않고서는 권리와 의무를 규정하기가 힘들다는 점을 지적한다.[11]

한편 이 글은 고바야시 마사루의 「쪽발이」라는 텍스트도 이와 같은 맥락에서 이해해 볼 수 있는 작품으로서 해석하고자 한다. 가령 프랭클은 피

10_V. E. フランクル, 『それでも人生にイエスと言う』, 山田邦男・松田美佳 譯, 春秋社, 1993, 146쪽.

11_마이클 샌델, 『정의란 무엇인가』, 이창신 옮김, 김영사, 2010, 293~337쪽 참조.

해자였고, 고바야시 마사루는 가해자 측이었다는 결정적인 입장의 차이는 분명 확인해야 한다. 다만 이 작품이 형상화하는 한 일본인의 죄장의식과 자기부정은 식민지를 체험한 개인의 기억을 넘어 전후의 '일본인'이라는 안일한 자화상에 들이대는 하나의 안티테제로서 기능할 수 있을 것이다.

> 나에게 나시야마는 단순히 나시야마 한 개인이 아니었다. 그것은 나시야마에 의해 대표되는 그들, 인 거다. 그것은 일찍이 조선인들 속에서 내가 가와노라는 한 사람의 중학생이 아니라, 언제든, 어디서든 가와노라는 중학생에 의해 대표되는 일본인이라는 존재일 수밖에 없었던 것과 마찬가지다. 나시야마에 의해 대표되는 것은 하나의 거울과 같은 존재가 되어서, 거기에 내 가슴 속 깊은 곳에 숨어 있는 과거를 비추어 내려고 하는 듯한 불안을 나에게 주었다.(14쪽, 강조는 원문)

가령 그 효과가 아무리 미약하다 할지라도 이 「쪽발이」라는 텍스트는 근대 일본의 침략전쟁과 식민지주의가 자행한 폭력을 전전·전중·전후라는 '연속'선상의 입장에서 전후의 일본인들에게 다시금 환기시키는 추동력을 내부적으로 지닌다. 이 같은 관점에서 이 작품이 형상하는 가와노라는 인물의 개인사는 '일본인'의 총체적 식민지 경험을 환기하는 하나의 제유(提喩)로서 기능한다. 즉 이 글이 주장하는 바는 이 작품을 한 개인의 회한이나 개인에 대한 비판이 아니라, 일본인의 '공동책무'를 환기하는 문학적 텍스트로서 읽을 수도 있다는 것이다. 1927년 조선 경남의 진주에서 태어난 재조일본인 2세 고바야시 마사루는 작중 가와노를 통해 식민지 지배와 전쟁 경험이 없는 '전후' 일본의 '무구'한 젊은 세대를 향해 다음과 같이 자신의 '육화'된 메시지를 발신한다.

> 당신들은 조선인 앞에서 대학생 호리 개인도 아니고, 대학생 가토 기쿠코 개인도 아닌, 호리 혹은 가토에 의해 대표되는 일본인이라는 자신의 존재를 실감한 적이 있습니까? 조선인에게 일본인이란 16세기 말 도요토미 히데요시에 의한 분로쿠·게이쵸 전쟁[文禄・慶長の役: 임진왜란—인용자] 이래의, 정한론 이래의, 강화도사건 이래의, 일청전쟁 이래의, 일한병합조약 이래의, 토지 수탈 이래의, 이른바 3·1만세사건 이래의, 헌병·경찰·감옥망 이래의, 조선어 금지 이래의, '황국신민의 서사' 이래의, 창씨개명 이래의, 강제연행 이래의, 강제노동 이래의, 그리고 조선전쟁과 특수 경기에 의한 일본 산업부흥 이래의, 그외 여러 가지 이래의, 그 종합적 통일체로서의 일본인인 것입니다. 이와 관계가 없는 별개의 일본인이라는 것은 하나의 추상이어서, 즉 당신이 언제 어떤 곳에서 어떤 조선인과 마주대하더라도 당신은 당신에 의해 대표되는 '일본인'이라는 존재 이외의 그 무엇도 아닌 것으로 자신을 실감한 적이 있습니까?(30쪽, 강조는 원문)

일본의 패전 후 불과 5년이 지난 시점에서 '조선전쟁'이 발발해 '그 덕분에' 일본은 전쟁특수를 맞아 전후의 경제 재건을 이뤘고, 이것이 1960년대 이후 일본의 고도경제성장기로 이어졌다는 경위만 고려해 보더라도, 한반도 분단의 근본적 원인, 한국전쟁 발발, 일본의 경제부흥 등 일련의 사태는 식민지 기억을 완료된 '과거'로 간단히 정리해 버리고 망각하려는 일본의 '전후'적 풍조에 경종을 울린다. 식민지에서의 경험과 그 회한을 다음 세대, 또 그다음 세대에 전하면서, 공동의 책무를 '현재'의 문제로서 공감하고 분유해야 할 필요성이 대두되는 것이다. 「쪽발이」라는 텍스트는 그것을 가능하게 하는 방법으로서 문학이 할 수 있는 역할과 가능성을 갖고 있다. 이 같은 관점에서 작가 고바야시 마사루라는 존재와 그의 문학은 세대 간의 경험과 그 이야기를 전하는 '가교'로서 기능할 수 있고, 동시에 '당사자'가 아니라는 이유로 타자의 고통과 기억을 망각·배제하면서 정위해 온 오늘

날의 '일본(인)'이라는 자기동일성에 균열을 가하는 안티테제로서의 의미를 가질 수 있을 것이다.

2. '불가능성'을 매개로 놓는 '가교'
: 「가교(架橋)」(1960)론

2010년 8월 10일 일본의 간 나오토 총리는 1910년의 '한일병합'이 한국민의 뜻에 반하여 이뤄졌다고 표현하면서, 식민지 지배에 대한 사죄 담화를 발표했다. 담화문의 내용은 대체로 1995년 8월 15일 발표된 무라야마 도미이치(村山富市) 전 총리의 담화를 계승하고 있다고 평가되었지만, 이 담화도 한일강제병합의 불법성과 원천무효를 인정하는 데까지는 이르지 못했고, 북한과의 관계 개선을 도모하고자 하는 의지는 표명되지 않았다. 또한 일본 궁내청이 보관 중인 조선왕실의궤 등 도서를 인도하겠다는 의사를 밝힌 것 외에는 조선인 강제동원, 종군위안부, 원폭 피해자 등 현안의 진상규명과 배상에 대한 아무런 언급이 없었다. 이미 초고령인 피해당사자들이 나날이 사망하는 현실 속에서 일본 '천황'의 사죄와 국가적 차원의 보상은 너무나 요원하기만 하다.[12]

한편 2000년대 초두부터 달아올랐던 일본에서의 '한류' 열풍은 현재도

12_일본의 각료회의를 거친 이 담화가 민주당 정권 출범 당시 천명했던 당초 내용이나 기대에 미치지 못했던 요인에는, 그에 앞서 실시된 7월 11일의 일본 참의원 선거에서 민주당이 패배하면서 여당의 지지율 만회와 보수우익의 눈치를 살펴야 한다는, 일본 내에서 민주당이 처한 상황과 입장도 어느 정도 영향을 끼친 것으로 보인다.

이어지고 있으며, 한국의 드라마, 영화, 음악을 찾아 즐기는 일본의 세대층도 점점 세분화하고 있다. 한때 일본의 사설 외국어학원에서는 중국어를 제치고 영어에 이어 한국어 강좌를 수강하는 사람들로 붐볐고, 일본의 각 방송국에서는 소위 황금시간대에 한국의 드라마를 방송하기도 했다. 패전 후 1980년대 후반까지 일본인의 한국(인)에 대한 관심도, 호감도가 상당히 낮았다는 사실을 상기해 볼 때, 이 같은 일본에서의 한류 현상은 문화교류라는 측면에서는 분명 고무적인 일임에 틀림없다. 하지만 일본 국가 차원에서의 정치적 '변화'와 실천이 수반되지 않는 한류 현상은 그야말로 일반 대중의 문화 애호 차원에서의 일시적인 '한국 붐'으로만 그칠 가능성이 크고, 한일 양국의 긴밀히 얽힌 근현대사에 대한 역사적 이해가 결여된 안이한 문화 '가교'론으로 전락할 수도 있다.

'가교(架橋)'라는 말 자체는 "다리를 놓다"는 뜻인 만큼, 그것이 성립되려면 무엇보다 양자 간의 쌍방향적 교류가 그 전제가 되어야 할 터이다. 그런데 한일 양국 사람들 사이의 '가교'에는 무엇보다 역사적 문제가 가로놓여 있다. 특히 역사적으로 형성된 양자 간의 결정적인 '입장의 차이'를 짚고 넘어가지 않을 수 없다. 즉 현재의 한국인은 가령 본인은 경험하지 않았다 할지라도 과거 일본에 의한 식민 지배를 당한 민족의 후손으로서 일본(인)에 대해 '피해자'로서의 입장을 견지한다. 그리고 이에 수반하여 현재의 일본인은 비록 본인은 가담하지 않았다 할지라도, 일찍이 식민지 지배와 침략전쟁을 자행한 조·부모의 후손으로서 역사적인 '가해자'로서의 입장에 놓이게 된다. 이때 '피해자'로서의 자기상을 내면화한 '우리'는 일본인에 대해 그네들보다 '윤리적 우위'에 있음을 자명한 것으로 여긴다. 이에 반해 현재 일본의 '전후' 세대들이 얼마나 '가해자'로서의 의식을 공유하고 있을지는 대단히 의문스럽다. 즉 '피해자'와 '가해자'를 둘러싼 양자의 인식과 이해에는 크나큰 온도차가 존재할 것으로 여겨진다.

한일 양국의 진정한 쌍방향적 '가교'가 성립하기 위해서는 우선 양국의 역사적 경위에 대한 인식과 입장의 차이를 서로 어떻게 이해할 것인지, 그리고 앞으로의 '가교'를 실천해 나가기 위한 인식의 공통분모를 찾아 내지 않으면 안 될 것이다. 이에 이 글에서는 고바야시 마사루의 작품 「가교」를 통해 자그마한 힌트를 얻고자 한다. 「가교」는 일본의 문예잡지 『문학계(文學界)』 1960년 7월호에 발표된 후 그해 아쿠타가와상 후보작이 되었다. 이 작품의 서사는 1952년 현시점에서 도다 아사오라는 19세의 일본인 소년과 한 재일조선인 청년이 일본 공산당의 '비합법' 운동을 실행에 옮기기 위해, '조선전쟁' 중인 한반도에 보낼 미군 지프차, 트럭, 전차 등을 수리하는 한 공장 앞의 제방 밑에서 대기, 잠복하고 있는 상황에서 시작된다. 이슬비가 부슬부슬 내리는 "오늘밤 이제부터의 계획"[13]을 앞두고 두 사람이 주고받는 대화는 같은 조가 된 두 사람이지만 너무나도 다른 양자 간의 '입장의 차이'를 가시화하고 있다. 아사오는 "하나의 지령하에 같은 위험을 무릅쓰려고 하는 공통의 입장에서 인간다운 친밀감을 담은 시선을 청년에게 보내"(67쪽)지만, 조선인 청년은 이를 '거부'하고 아사오에게 시종 냉담하기만 하다.

> "일본인은" 청년은 속삭이듯이 말을 이었다. "우리들의 조국을 식민지로 삼았다. 중국을 그런 꼴로 만들었다. 일본인의 모순 따위 지금 시작된 게 아냐. 훨씬

13_小林勝, 「架橋」, 『文學界』 1960년 7월호, 文化公論社. 이 작품의 인용은 『チョッパリ—小林勝小說集—』, 三省堂, 1970에 수록된 텍스트 쪽수에 의한다. 64쪽. 이하 괄호 안에 쪽수만 표기함.

옛날부터 근본적으로 생각해야 해. 일본인 자신의 문제로서 말이야. 중국인이나 우리 조선인에게는 그 나름 확실한 생각이 있어. 일본인은 일본인 스스로 생각해 보는 수밖에 없어."(89쪽)

마치 자신을 "식민지에서 하고 싶은 대로 한 일본인의 한 사람"(83쪽)으로 간주하는 듯한 조선인 청년의 차가운 태도에 아사오는 자신의 심적 고뇌를 알지도 못하고, 또 이해해 줄 것 같지도 않을 서로 간의 입장의 차이를 깨닫고, "너와 나 사이에는 놓을 다리가 있을 것 같지도 않"(84쪽)음을 절감한다. 조선에서 태어나고 자란 아사오는 일본의 패전 때까지 양친과 '북조선'의 소련 국경 가까운 마을에서 살고 있었고, 외아들로서 양친의 익애를 받으면서 지내던 중, 1945년 8월 소련의 대일선전포고 직후 자신의 아버지가 소련병사와 조선인에게 끌려가는 것을 목격한다. 그의 아버지는 총살을 당했는데, 당시 12살 소년이었던 아사오는 끌려가는 아버지의 마지막 모습을, 지금도 자신의 귀에 달라붙어 있는 엄청난 매미 소리와 함께 다음과 같이 회상한다.

7년 전 그 매미 소리 속에서 그는 아버지의 최후의 미소를 보았다.

—매미 소리, 반짝 반짝 빛나던 자동소총, 태양을 받아 금색으로 빛난 소련병사의 얼굴, 통역의 조선인, 그리고 창백한 아버지가 무리하게 지은 마지막 미소…(74쪽)

아사오의 아버지는 조선에서 경찰관이었고, 당시 아버지가 구체적으로 어떤 일을 하는지 몰랐던 아사오는 인양 후의 일본에서 아버지가 조선에서 조선인들에게 어떤 일을 했을지 점차 짐작할 수 있게 된다. 아버지의 최후를 어떻게든 '제대로' 이해하기 위해 역사를 공부해 가면서 아사오는 자신을 더할 나위 없이 사랑해 준 자신의 혈육 아버지의 죽음과, 아버지를 포함한 일본인이 조선에서 어떠한 탄압을 자행했는지를 사후적으로 깨닫고, 그 두 사실 사이에 가로놓인 괴리와 아버지의 죽음에 대해 양가감정(ambivalence)을 갖는다.

> 저항 운동에 대한 이해의 정도가 깊어짐에 따라서 아버지의 '죽음' 그 자체에 대한 고뇌는 줄어들기는커녕 한층 강해졌다. 아버지의 최후는 어쩌면 어쩔 수 없는 역사의 상흔의 하나라고 생각하는 기분은 평온을 가져오기는커녕 슬픈 마음을 한층 압축시키는 것이다. 그 모순에 그는 괴로워했다.(80쪽)

이해하는 한편으로 끓어오르는 증오, 논리와 감정, 그 수합되지 않는 모순에 허덕이고 괴로워하던 아사오는 한국전쟁에 미군 군수물자를 납품하면서 전쟁특수를 누리고 있는 일본을 비판하고 이에 저항하는 일본 공산당의 군사행동에 공감하게 된다. 그리하여 그 자신 당원은 아니지만 군수물자를 수리하는 공장에 화염병을 투척하여 무기를 쓸모없게 만들려는 당의 이번 계획에 참가한 것이다. 그러나 사전 조사를 통해 작성한 공장의 겨냥도와 시간표에는 미묘한 착오가 있었고, 처음 참가한 아사오의 서툰 실수까지 겹쳐 두 사람은 결국 화염병 투척에 실패하고, 그 자리에서 도망쳐 나온다. 이어 들어간 조선요리집에서 아사오는 자포자기하는 투로 자신의 아버지 얘기와 자신의 증오와 고뇌를 털어놓고, 이에 조선인 청년은 일본인에게 살해당한 중국인과 조선인은 몇 천만이나 됨을 상기시키며, 다시금 서로 간의 '입장 차이'를 환기한다.

우리 조선인은 조선인으로서의 길을 찾아내겠지. 일본인인 너는 일본 역사와 분리해서 길을 찾을 수는 없겠지. 그게 민족의 역사라는 것일 테니까. 너의 오늘 밤 행동을 추동한 바가 뭔지 알 것 같은 기분이 든다만, 나는 거기에 대해 아무 말도 못해. 일본인 중에는 그런 참가 방법도 있는 건가라고 생각할 뿐이다.(98쪽)

이처럼 이 작품은 아사오의 복잡한 내면을 섬세하게 그려 내면서도, 시종일관 조선인 청년의 입을 통해 조선인과 일본인 사이에 가로놓인 '입장의 차이'를 강조한다. 즉 제국과 식민지, 가해자와 피해자, 그리고 그 후손들이 만나 대등하게 놓을 수 있는 '다리'란 애당초부터 '불가능한 기획'인 것으로 보인다. 그렇다면 왜 작가 고바야시 마사루는 굳이 이 작품의 제목을 '가교'라 붙인 것일까? 이 제목은 조선(한국/북한)과 일본의 '가교'는 결국 불가능하다는 사실을 반어법적으로 주제화하기 위함인가? 작가의 창작 의도를 정확하게 추론하기는 불가능할 것이다. 다만 이 글에서는 아마도 그것이 비록 '불가능한 기획'일지라도 그 '불가능성'의 역사적 연원을 양자가 '통절'히 인식하는 데서부터 시작하지 않으면, 다음 세대의 '가교' 또한 아무것도 시작되지 못한다는 점을, 이 작품이 그 제목까지 포함해서 환기시키고 있다고 해석한다. 결코 입장은 다르지만 양자가 그 '통절'한 인식을 적어도 공유해 볼 수는 있을 가능성을 이 작품은 마지막 장면에서 다음과 같이 형상화하고 있다.

"이제 두 번 다시 행동을 같이 할 일은 없겠군." 청년은 말했다. "기운 내서 해주게."

아사오는 낮은 목소리로 말했다. "꼴사나운 짓을 해버려서 미안해."

청년은 목을 옆으로 저으며 소리 없이 웃었다. 오른손을 얼굴 언저리에서 팔랑팔랑 움직였다. 이별의 신호였다. 손을 내렸을 때, 청년의 눈에 뜻밖에도 따뜻한 것이 흘렀다. 청년은 조금 주저한 후, 명확히 말했다.

"내 아버지도 일본인에게 살해되었어."

숨을 삼킨 아사오에게 청년은 미소를 지어 보이고서 등을 돌렸다.(99쪽)

3. 개인과 '가교'

고바야시 마사루는 아버지가 경상남도 진주농림학교 생물 교사를 하고 있었던 관계로, 1927년 경남 진주에서 태어났다. 이후 만 16년간 조선에서 생활했는데, 그 체험은 44년이라는 그의 짧은 생애와 작품 활동에서 대단히 큰 비중을 차지한다. 패전 후 일본에서 와세다대학에 재학 중이던 그는 1950년 레드퍼지 반대 투쟁을 지도하여 정학 처분을 받고 다음 해 중퇴했다. 1952년 6월 25일 신주쿠 역 앞에서 한국전쟁과 파괴활동방지법안 반대 데모에 참가해 화염병 투척 현행범으로 체포되어 도쿄구치소에 수감되었다. 이후 제1심 공판에서 1년형을 판결 받고 항소하지만, 1959년 7월 최고재판소(한국의 헌법재판소에 해당)에서 상고를 기각하여 일본에서 '전후' 최초로 실형을 받은 작가가 되었다.[14] 이런 사회적 활동과 함께 작가로서의 그는 "일본에게 조선이란 무엇이었는가, 지금 무엇인가, 장래 무엇이지 않으면 안 되는 것인가"[15]를 문학적 출발점으로 삼아 치열하게 고뇌했다.

14_고바야시 마사루의 연보적 사항은 日本近代文學館 編, 『日本近代文學大事典』 第二巻, 講談社, 1977, 48~49쪽과 이원희 옮김, 『쪽발이』, 도서출판 소화, 2007에 수록된 「지은이 연보」(315~317쪽)를 참고했다.

15_「私の「朝鮮」—あとがきに代えて—」, 『チョッパリ—小林勝小説集—』, 三省堂, 1970, 293쪽.

1970년에 간행한 그의 마지막 작품집 『쪽발이(チョッパリ)』의 후기에서 그는 자신이 근래 10여 년에 걸쳐 소설 창작을 통해 '조선'을 추구해 온 내적 동기와 경위에 대해 언급하고 있다.

> 저는 전후가 되어 비로소 자신의 나라가 그 과거에 조선에 대해 무엇을 해온 것인가 알았습니다. 제 탓은 아니라고 해도 제가 일본인으로서 거기서 태어나 거기서 자란 사실의 의미를 생각하고서 괴로운 심정이 되었습니다. (…) 깊은 간극(間隙)으로 가로막힌 두 민족 사이에 다리를 놓고, 피를 서로 통하게 하기 위한 방법을 더듬어 찾고, 표현의 날을 갈고 닦아 그것을 안으로 감싸 안는 자기 독자(獨自)적 사상을 현실 그 자체에서 움켜잡는다는 일은 저에게는 대단히 곤란한 일입니다만, 저는 앞서 말한 분노에 추동되면서 그것을 계속 해나가려고 마음을 정해 두었습니다.[16]

고바야시 마사루는 조선과 중국을 "그 '과거'에서 현재로, 현재에서 미래로 연속해서 살아 숨 쉬고 있는 하나의 산 총체"[17]로 파악하면서, 창작활동을 통해 궁극적으로는 동아시아의 미래적 '가교'를 추구하고자 했던 것으로 보인다. 그가 추구한 '가교'라는 것이 얼마나 실제적 유효성을 지닐 수 있을지는 의문스럽지만, 적어도 안일한 낙천주의에 기반을 둔 허울은 아니었음은 그가 남긴 작품에 넘쳐흐르는 진정성을 통해 확인할 수 있다. 일본의 작가 중에 고바야시 마사루 같은 사람도 있었다는 것은 나름 특기할 만

16_「私の「朝鮮」—あとがきに代えて—」, 『チョッパリ—小林勝小説集—』, 三省堂, 1970, 299~300쪽.

17_「私の「朝鮮」—あとがきに代えて—」, 『チョッパリ—小林勝小説集—』, 三省堂, 1970, 295쪽.

한 사항이라고 여겨지는데, 마지막으로 개인과 '가교'의 관계에 대해 언급해 보고자 한다.

일본의 '전후' 세대가 조부모 세대의 식민지 체험과 전쟁경험을 완료된 '과거'로서 간단히 정리하고 망각해 버리는 것이 아니라, 역사적 경험에 대한 공동의 책무를 '현재'의 문제로서 공감하고 분유해야 함이 동아시아 관계개선과 '전후' 젊은 세대 간의 '가교'를 위한 최소한의 전제가 될 것임을 앞서 주장했다. 이제 남은 문제로서 식민지 지배를 당한 민족의 후손으로서 '우리'는 언제나 일본인에 대해 '윤리적 우위'에 서 있다는 자명성, 그리고 이와 표리일체로서 일본의 '전후' 세대들은 식민지지배와 침략전쟁을 자행한 일본인의 후손으로서 언제까지고 '윤리적 열위'에 놓여 있다(있어야 한다)는 인식의 가부를 재고해 보고 싶다. 이 문제에 대해서도 이 글에서는 빅터 프랭클의 논의를 차용하고자 한다.

> 성실한 독일 사람은 성실한 오스트리아 사람에게 도덕적으로 조금도 뒤떨어지는 것은 아닙니다. 또한 반대로 여하 간에 공범이 된 독일 사람이 공범이 된 오스트리아 사람보다 죄가 큰 것은 전혀 아닙니다. 특정의 국가 국민이라는 사실만으로 그 사람을 배척해서는 안 됩니다. 또한 마찬가지로 어디어디 국가의 국민이라고 해서 그것만으로 그 사람의 범죄 행위를 특별히 냉엄하게 판정하거나, 특별히 관대하게 판정하거나 해서는 안 되는 것입니다.[18]

이 같은 논의는 역사, 사회, 정치적 문맥은 다르지만, 원칙적으로는 일

18_V. E. フランクル, 『それでも人生にイエスと言う』, 山田邦男・松田美佳 譯, 春秋社, 1993, 147쪽.

본인과 한국·북한 사람들에게도 적용할 수 있다. 즉 일본의 '전후' 세대가 '공동책무'를 져야 함은 주장하지만, 그렇다고 해서 개인의 차원에서 한국, 북한 사람이 마치 선험적으로 일본인보다 윤리적으로 앞서 있다고는 할 수 없을 것이다. 인간이라는 존재는 현재에서 미래로 보다 '잘' 살아가기 위해 과거로부터 교훈—그것이 비록 많은 경우 반면교사(反面教師)적으로 얻어지는 교훈일지라도—을 배우려고 노력한다. 동아시아의 '전후' 젊은 세대가 각자의 입장에서 근현대사에 대한 통절한 인식을 거친 위에서, 그리고 비록 불가능에 가까운 기획일지라도 그 불가능성을 인식한 위에서 그 나아갈 바의 미래관계='가교'를 모색해 가는 길 외에 실마리는 없는 것이 아닐까. 이 같은 관점에서 고바야시 마사루의 작품은 동아시아의 '가교'를 모색하는 데 시사하는 바가 있다.

7장

고토 메이세이(後藤明生)의 초기 작품군

: 재조일본인 2세 출신자의 '기억' 찾기 여행과 '지금-여기'

1960년대 중반 무렵부터 본격적으로 작가활동을 시작한 고토 메이세이(1932~99)는 북조선에서 맞은 자신의 패전 체험과 인양과정을 모티프로 삼은 작품을 발표하면서 작가적 입지를 다졌다. 「무명 중위의 아들(無名中尉の息子)」(1967), 「아버지에게 보내는 편지(父への手紙)」(1972), 『협공(挟み撃ち)』(1973), 「생각의 강(思い川)」(1974), 「아버지의 꿈(父の夢)」(1974), 『꿈 이야기(夢かたり)』(1976) 등 고토의 초기 작품군에는 자신이 재조일본인 2세로 태어나서 자란 함경남도 영흥군 영흥읍에서의 생활과 패전 직후 조선에서 사망한 부친에 대한 회상, 일본으로의 인양과정 등이 중심적인 주제를 이루고 있다. 고토와 마찬가지로 재조일본인 2세 출신인 이쓰키 히로유키(五木寛之, 1932~)는 작가로서 자신의 위치를 '외지인양파(外地引揚派)'라고 표현하면서, 이 '외지인양파'로서의 아이덴티티와 발화 위치를 다른 전후파 작가와는 절대적으로 다른 경험적, 세대적 차이로 인식했다. 고토 메이세이도 이 '외지인양파'의 일원으로 구분되면서, 동시에 일본문학사에서 이른바 '내향의 세대(内向の世代)' 작가로도 분류된다. 우연히도 여러모로 비슷한 경력[1]을 지닌 이쓰키 히로유키와 고토 메이세이는 1969년에 가진

한 대담에서 자신들 문학에서의 원체험(原體驗)과 방법에 대해 다음과 같은 이야기를 나누고 있다.

> **이쓰키** 나에게 원체험은 어디까지나 식민지체험이고, 인양체험인 셈입니다. 스스로는 그러한 것을 라이프워크(lifework)로 삼아 글을 쓰고 싶다고 생각하고 있는 거죠. (…)
>
> **고토** 원체험이라는 것과 관련해서 기억의 문제가 있겠지요. (…) 기억을 재생하는 것은 지금 현재의 의식일 겁니다.[2]

전후 일본문단 내 굴지의 문학상을 수상하면서 두각을 나타낸 두 신진작가가 '외지인양파'로서 자신들의 공통감각을 피력하는 이 대담에서, 고토 메이세이는 특히 '기억'의 문제를 거론하면서 그 기억을 재생하는 것은 어디까지나 "지금 현재의 의식"이라는 사실에 자각적이다. 실제로 그는 북조선에서의 패전체험과 그 이후의 인양과정에 얽힌 기억의 재생을 작품 속에서 끈질기게 천착한다. 일련의 작품 속에서는 사실에 입각한 사항들—가족관계, 강, 하천, 식물 등 고유명으로 제시되는 조선에서의 풍물, 일본으로

1_이 두 작가는 같은 해에 태어나 식민지 조선에서 유소년 시절을 보내다 중학생 때 패전을 맞이하여 일본으로 '인양'해 왔다는 공통점이 있다. 고토 메이세이는 1932년 함경남도 영흥군에서 태어났고, 영흥소학교를 졸업한 뒤 진학한 원산중학 1학년일 때 패전을 맞이했다. 이쓰키 히로유키는 1932년 후쿠오카현 야메(八女)시에서 태어났으나 생후 얼마 지나지 않아 조선으로 건너와 살게 되었고, 남대문소학교를 거쳐 평양일중학 재학 중에 패전을 맞이했다. 덧붙여 이 두 사람은 일본으로 귀환한 뒤 양친들의 고향인 후쿠오카현에서 살고 있었고, 후에 두 사람 모두 와세다대학 러시아문학과에 입학하는 등 우연히도 경력이 상당히 비슷하다.

2_五木寛之・後藤明生,「對談 文學における原體驗と方法—朝鮮・ロシア・小說」,『文學界』1969年 4月号, 文藝春秋社, 143~144쪽. 강조는 인용자.

귀환한 뒤의 생활 등등—이 그 배경으로서 반복적으로 기술되고 있다. 또한 '조선'과 인양에 관한 기억을 형상화한 초기 작품군은 대단히 자전적인 구성을 지니고 있음을 알 수 있다.

주목해야 할 사실은 고토 메이세이라는 작가가 단순히 '조선'에 얽힌 기억에만 천착했다기보다는 어디까지나 그 기억과 현재 '지금-여기'와의 관계성을 탐구하고자 했고, 작품 속 '현재'는 언제나 실제 집필, 발표 시기와 겹치면서 전후 일본에서의 생활감각과 사고에서 출발해서 과거 '기억'으로의 여행으로 거슬러 올라가는 구성을 일관되게 보여 준다는 점이다. 또한 그 과거로의 '기억' 찾기 여행은 현재 화자의 일상의 의식 속으로 틈입해 들어오면서, '지금-여기' 일본사회에서 식민지 출생의 2세가 살아간다는 것의 의미를 찾으려는 영위로 이어지는데, 이런 면에서 고토의 작품은 어디까지나 화자 자신의 '현재'를 모색하는 방식을 중시한다고 할 수 있다.

지금까지 고토 메이세이의 '조선' 관련 작품에 대해서는 주로 연작 『꿈 이야기』[3]를 논의의 대상으로 삼은 선행연구가 많다. 『꿈 이야기』를 고토의 조선 체험과 기억을 형상화한 총체(總體)로서 평가하거나,[4] 고토가 이 작품을 통해 비로소 자신의 체험을 쓰는 '방법'을 획득했다는 평가[5]에는 큰 이견이 없으나, 그 '총체'에 이르기까지의 소설적 과정과 방법적인 모색을 볼 수

3_『夢かたり』는 1975년 잡지 『海』에 1년에 걸쳐 연재된 단편 연작이고, 이듬해 76년에 단행본으로 출판(中央公論社)된 뒤 77년에 히라바야시 다이코(平林たい子) 문학상을 수상했다.

4_崔俊鎬, 「植民地體驗と記憶の形象化—後藤明生『夢かたり』を中心に—」, 『일본어문학』 제50집, 한국일본어문학회, 2011년 9월 참조.

5_朴裕河, 「後藤明生『夢かたり』論—内破する植民主義」, 『日本學報』 제86집, 한국일본학회, 2011년 2월 참조. 또한 朴裕河, 「後藤明生『夢かたり』—植民地的身體の戰後の日々」, 『日本學報』 제90집, 한국일본학회, 2012년 2월도 참조.

있는 그 이전 초기 작품군에 대한 검토는 비교적 등한시되어 왔음도 사실이다. 이 글에서는 그 이전 작품군의 내용과 구성을 읽어 내면서 고토가 '조선'에서의 기억을 작품으로 쓰는 작업을 통해 현재 전후 일본사회에서 재조일본인 2세 출신인 자신이 살아간다는 것의 의미와 정체성을 어떤 방식으로 찾으려 했는지를 살피고자 한다.[6]

「무명 중위의 아들」은 고토 메이세이의 '조선' 관련 작품 중 가장 먼저 쓰인 소설로, 1967년 현시점에서 영어교사인 아내와 4살 되는 아들을 둔 35세의 회사원 '나'는 어느 아침 화장실에서의 배변을 계기로, 이십여 년 전 북조선에서 죽은 아버지의 생전 모습을 회상하게 된다. 함경남도 안변(安邊) 근처의 화산리(花山里)라는 조그만 조선인 마을에서 아버지가 "코와 입에서 검붉은 피를 토하면서 죽기 2, 3일 전",[7] 당시 13살 중학 1학년인 '나'는 병으로 쇠약해진 아버지를 부축해서 한밤중에 소 외양간 구석에 위치한 변소에 가게 되었는데, 거기서 아버지와 주고받은 이야기가 떠올랐던 것이다.

6_물론『꿈 이야기』이전의 작품에 대한 선행연구가 전무하다는 것은 아니다. 가령 최근 연구에서 히라타 유미는 1970년에 발표된「한 통의 긴 어머니의 편지(一通の長い母親の手紙)」를 중심으로 고토 메이세이의 '인양' 이야기와 과거 표상을 젠더적 관점에서 독해한 바 있다. 平田由美, 「「引揚げ」物語をめぐるジェンダーと言語―後藤明生における過去の表象―」,『日本學』第30輯, 동국대학교 문화학술원 일본학연구소, 2010년 5월 참조. 필자로서는 고토 메이세이뿐만 아니라 재조일본인 2세 출신 작가들의 문학에 대한 한일 양국에서의 연구가 아직 충분치 못한 만큼, 더욱 많은 작품과 다양한 관점에서의 논의가 수행되어야 이들 문학에 대한 '총체'적인 파악과 평가가 바르게 이뤄지리라 생각한다.

7_後藤明生,「無名中尉の息子」,『文學界』1967년 9월호, 文藝春秋社, 160쪽. 이하 작품 인용은 괄호 안에 쪽수만 표기함.

그 소 외양간 구석에 걸친 두 개의 통나무로부터 이 흰 말굽 모양의 서양식 변기까지의 거리는 공간적으로는 문자 그대로 바다 하나를 넘어서 떨어져 있는 것이고, 이걸 X축으로 삼는다면 Y축인 시간 쪽도 13살이던 나는 35살이 되었고, 장남은 얼마 안 있어 유치원에 입학할 뿐만 아니라, 둘째도 4개월 후면 태어날 예정이다.(161쪽)

인용에서는 현재의 화자 '나'가 과거 조선에서의 기억과 현재의 시공간적 거리감을 '변기'를 매개로 해서 표현한다는 독특한 설정을 볼 수 있는데, 이 거리감이라는 것은 한편으로는 1967년 현시점의 일본에서 평범한 중산층의 가정을 꾸리고 생활하는 '나'의 감각을 일종의 위화감으로 이끄는 계기가 되기도 한다.

한마디로 말하자면 그것은 지금 이렇게 태평한 세상에 살고 있는 것이 어딘지 모르게 자리에 어울리지 않는 듯한 감각이어서, 화장실은 그 심벌이라 할 수 있을지도 모르겠다.(161쪽)

앞서 언급한 대담에서 이쓰키와 고토는 '고향'이라고 했을 때 자신들이 떠올리는 대상은 '조선'으로, 일본으로 귀환한 뒤 전후 일본사회에서 자주 느꼈던 것은 실은 소외감과 위화감이었다고 토로하는데,[8] 이 같은 발언을 통해서는 동시대 재조일본인 2세 출신 작가들이 느낀 일본사회에 대한 괴리감과 정체성의 특징을 볼 수 있다. 즉 전쟁과 식민지를 경험한 1세대들이 과거 제국의 역사를 말하는 것 자체를 금기시해 오는 동안, 전후의 부흥

8_五木寛之・後藤明生,「對談 文學における原體驗と方法—朝鮮・ロシア・小說」,『文學界』1969年 4月号, 文藝春秋社, 134~135쪽.

과 고도경제성장 속에서 일본의 전후 세대들은 이웃의 한반도에 대해서는 무관심과 무지, 나아가 편견으로 시종했고, 그 사이에서 이들 재조일본인 2세 출신 작가는 '조선'=고향과 지금-여기 일본사회와의 균열, 혹은 괴리 같은 것을 감지했던 것으로 보인다. 그리고 이 같은 감각과 자의식의 발달이 그들의 문학적 표현에서 하나의 동기(motif)로서 작용했을 것이다.

「아버지에게 보내는 편지」는 1972년의 현시점에서 40세가 된 화자 '나'가 27년 전에 조선에서 죽은 아버지에게 보내는 서간문의 형식을 취한 작품이다. 편지에서는 전체적으로 식민지조선에서 영흥경찰서 경찰관이자 아버지의 지인이었던 S노인을 찾아 히로시마(広島) 요코가와(横川)를 방문한 경위가 상세히 기술된다. '나'가 이 노인을 방문한 이유는 결혼하기 전 독신일 때의 아버지, 즉 "내 기억에 없는 아버지의 추억 이야기를 듣고 싶다"[9]는 충동에서였다. 그 방문 경위를 아버지에게 보고하는 형식을 유지하면서, 이 서간문의 문면에는 화자가 아버지에게 건네는 수많은 질문들—당시 영흥에서 거주할 때 있었던 여러 가지 일들에 대한 사후적인 확인, 마을에 있었던 독일인 신부의 교회와 조선인 신자들, 마을 우물에서 물을 긷던 조선인 어머니들의 모습, 화산리에서 아버지의 시신을 같이 묻었던 조선인 김윤후(金潤后)의 현재 안부, 호랑이섬(虎島)이라 불린 영흥만 앞바다의 조그만 섬에 기선을 타고 놀러갔을 때의 사실 확인 등—이 곳곳에 곁들여 있다. 아버지에게 던져지는 이 같은 질문과 대화의 시도는 물론 그 대답을 듣고자 하는 차원이 아니라, 화자 자신의 '조선'에서의 기억과 그 이후의 전후 생활을 의식 속에서 찾아 정리하고자 하는 독백에 가깝다.

9_後藤明生, 「父への手紙」, 『群像』 1972년 7월호, 講談社, 30쪽. 이하 작품 인용은 괄호 안에 쪽수만 표기함.

전쟁이 끝났을 때, 저의 소년 시절은 끝났습니다. 그리고 동시에 저는 '태어난 고향'을 잃어버린 셈입니다. 요컨대 저희들은 '태어난 고향'에서 추방되어서, '조국 일본'으로 귀환해 온 셈입니다. (…) 일찍이 식민지로서 그곳을 지배하던 일본인 자손의 한 사람인 제가 그곳에서 추방된 것에 대해서도 특별히 이의는 없습니다. 따라서 저는 '태어난 고향'에서 추방되었다고는 생각해도 결코 그곳을 빼앗겼다, 고는 생각지 않습니다.(45쪽. 강조는 인용자, 쉼표는 원문 그대로 표기함)

여기서 재조일본인 2세 출신의 화자가 자신이 '태어난 고향'=조선에서 "추방되었다고는 생각해도 결코 그곳을 빼앗겼다, 고는 생각지 않"는다는 발언을 두고, 이를 철저히 내면화된 식민자의식의 오만한 발현으로 간주하고 비판한다면, 그것은 아마도 사태의 차원을 혼동함으로써 발생한 오해라고 생각한다. 여기서 화자는 한반도가 본래 조선인들의 조국이자 땅이고, 그 조선인의 것이 일본의 패전=조선의 해방과 동시에 조선인들에게 돌아갔다는 사실에 의심이나 이의를 제기하는 것이 아니다. 다만 이는 그럼에도 불구하고 그 '조선'이 동시에 자신들이 태어나고 유소년 시절을 보낸 '원향'임도 부정할 수는 없다는 2세들의 존재론적 자기주장으로 이해해야 할 것이다. 고토 메이세이 작품의 화자는 '그곳'을 결코 빼앗기지 않기 위한 하나의 방법으로서 '기억' 찾기 여행을 끊임없이 떠나는 것이고, 그 영위는 다시 '지금-여기' 일본사회에서의 자신의 존재 의미를 되묻는 아이덴티티의 모색으로 순환한다.

아버지, 지금 일본에서는 조선 및 조선인 문제가 여러 가지 논의되고 있습니다. 일본 제국주의가 조선 및 조선인에 대해 저지른 '죄'에 관해서입니다. 확실히 저는 일본인이라는 이유로 인해 27년이 지난 지금도 여전히 '태어난 고향'으로부터 거절당하고 있는 걸지도 모르겠습니다. 하지만, '태어난 고향'에 관한 저의 기억만

큼은 누구도 거절할 수는 없을 터입니다.(45쪽. 강조는 인용자)

'기억'을 더듬어 찾는 여행은 이후의 고토의 작품들—『협공(挟み撃ち)』, 「생각의 강」, 「아버지의 꿈」 등—에서도 일관되게 계속된다. 이 중 가령 "일찍 일어난 데서 시작된 갑작스런 나의 하루 순례"[10]를 문학지리적 기법으로 그린 장편소설 『협공』은 40세의 중년남성 '나'가 어느 날 20년 전에 도쿄로 상경할 때 입고 있던 낡은 카키색의 육군 보병용 외투를 떠올리곤, 그 외투의 행방을 뒤쫓아 옛 하숙집과 당시 친구들을 찾아다니는 하루의 여정을 묘사하고 있다. 그 과정에서 화자의 의식 흐름을 따라 북조선 영흥에서 일본으로 돌아온 전후의 생활이 미군정하의 시정, 전학련의 안보투쟁 등 시대배경과 섞여 기술되는데, 이는 결국 식민지 출생의 2세로서 겪은 패전 체험과 그 이후 일본사회에서 생활하는 감각과 사고를 둘러싼 의식적 '순례' 여행임을 알 수 있다. 다음은 화자가 일본으로 돌아온 뒤 자신의 형과 아버지의 유품 중 하나인 '군가' 레코드판들을 부수어 처분하던 날의 광경을 떠올리면서, 현재의 '나'가 자신의 의식 속에서 형에게 던지는 질문이자 독백이다.

하지만 그때 중학 1학년의 꼬마였던 것은 과연 저의 죄인가요? 죄가 아니라 아마도 운명이라는 거겠지요. (…) 따라서 적어도 그때까지의 저의 '갑작스러움'에는 죄가 없는 셈입니다. 문제는 그러니까 그로부터 앞일이 되겠지요. 꼬마가 아니게 된 저의 '갑작스러움'입니다. (…) 실제로 저에게도 어딘가 죄가 있어야만 한

10_後藤明生, 『挟み撃ち』, 河出書房新社, 1973, 241쪽. 이하 작품 인용은 괄호 안에 쪽수만 표기함.

다면, 그것은 그 때 중학 1년의 꼬마였다는 저의 운명이 아니라, 그 후의 저의 뇌(腦)에 있었다고 할 수밖에 없습니다.(155~156쪽)

패전 당시 중학교 1학년, 13살의 꼬마에게 '갑작스럽게' 찾아왔다고 느껴진 패전과 일본으로의 귀환이 실은 결코 갑작스러운 사태가 아니라 너무나도 '당연'한 일이었다는 사실을 현재의 '나'는 이미 잘 알고 있다. 인용에서 화자가 자신의 '죄'가 패전 이후의 자신의 '뇌'에 있다고 하는 인상적인 표현은 재조일본인 2세 출신으로서 식민지 지배에 대한 부채의식과, '고향'=조선에서 있었던 아련한 체험이 얽히면서 발생하는 '기억'을 둘러싼 고투를 보여 주고 있다고 여겨진다. 작품의 제목인 '협공'은 엄연한 역사적 사실과 자신의 개인적인 '기억' 사이에서 허우적거리는 상태, 동시에 재조일본인 1세대와도 다르고 자신 밑의 전후 세대와도 경험과 사고가 다르다는 이질감, 그 사이에 끼어 있는 존재로서의 상태를 비유한 수사이지 않은가? 다만 고토 메이세이가 시도한 소설적 방법은 화자가 그 기억의 고투에 함몰되는 것이 아니라, 어디까지나 그것을 끊임없이 상대화하고 객관화하면서 현재 일본사회에서 살아가는 자신의 자기 증명으로 삼고 있는 것이라고 볼 수 있다. 다시 말해 고토는 식민지와 인양 체험을 전후의 일본사회에서 '기억'의 문제로서 반추하면서 현대인의 자기 존재감이라는 문제를 내면적으로 천착한 것으로 보이고, 그것은 '지금-여기' 일본사회에서 살아가는 '외지인양파'로서의 자신의 위치 정립과 정체성의 모색에 다름 아닐 것이다.

8장

재조일본인 2세 여성의 식민지 경험과 정체성

: 모리사키 가즈에(森崎和江) 작품을 중심으로

모리사키 가즈에는 부친이 식민지 조선의 대구에서 교사를 하고 있었던 관계로, 1927년 대구에서 태어났다. 이후 부친의 부임지를 따라 대구, 경주, 김천 등지에서 17년간 유소녀 시절을 보냈는데, 그 체험은 그녀의 생애와 전후 일본에서의 작품 활동에서 대단히 큰 비중을 차지한다. 전후의 일본에서는 규슈(九州) 지쿠호(筑豊)의 탄광촌에 거주하면서, 탄광 광부와 여성의 삶에 관한 많은 논픽션, 시집을 간행했고, 다니가와 간(谷川雁), 우에노 에이신(上野英信) 등과 동인교류지 『서클 마을(サークル村)』을 창간, 여성교류지 『무명통신(無名通信)』 등을 간행하기도 했다. 이런 문학적 활동과 함께 작가로서의 그녀는 "나는 식민지에서 무엇이었는가, 또 패전 후의 모국이라는 곳에서 나는 무엇이었는가"[1]를 문학적 출발점으로 삼아 치열하게 고뇌했다. 재조일본인의 역사와 활동내역을 총체적으로 검토한 바 있는 다카사키 소지(高崎宗司)는 자신의 저작에서 일본으로 귀환한 재조일본인의 식민지 조선 시절에 대한 태도를 크게 세 가지 유형으로 정리[2]하면

1_森崎和江, 『慶州は母の呼び声 わが原郷』, 新潮社, 1984, 8쪽.

서, 작가 고바야시 마사루와 함께 모리사키 가즈에를 세 번째 타입으로 자리매김한다. 세 번째 타입은 그 누구보다도 자신이 태어나 자란 조선이 그립지만 식민자였던 자신이 그리 쉽게 그립다고 해서는 안 된다고 자기비판하는 유형이라고 할 수 있는데, 모리사키 가즈에는 "패전 후 줄곧 언젠가는 (한국을) 방문하기에 어울리는 일본인이 되어 있고 싶다고, 그를 위해 살았다"[3]고 명언할 만큼, 일찍이 식민자였던 자신과 한반도와의 관계를 의식하면서 자신의 문학과 사상을 구명했던 여성이다.

아직까지 그 전체상이 충분히 논의되었다고는 말하기 힘든 재조일본인 연구에서도 여성의 식민지 체험과 전후 일본에서의 활동에 대해서는 한일 양국에서 지금까지 거의 논의되지 않았다. 이에 이 글에서는 재조일본인 2세 출신인 모리사키 가즈에의 작품과 활동을 중심으로 여성의 식민지 체험과 정체성에 대해 살펴보고자 한다. 재조일본인 2세 출신의 작가 중에서도 모리사키 가즈에는 자신의 작품을 통해 여성으로서의 식민지 경험과 생활감각, 그리고 정체성의 형성과정 등을 보여 주었고, 식민자와 피식민자의 관계에 대해 깊게 사유했다. 그녀가 발표한 글과 활동을 젠더적 관점에서 논의하면서 남성작가들과의 변별점을 파악하고, 그녀의 문학 활동이 갖는 역사적 의미와 위치를 논의해 보고자 한다.

2_첫 번째는 자신들의 행동은 훌륭한 것이었다고 간주하는 타입, 두 번째는 천진난만하게 조선에서 거주하던 시절을 그리워하는 타입, 세 번째는 자기비판하는 타입으로 분류하고 있다. 高崎宗司, 『植民地朝鮮の日本人』, 岩波新書, 2002, 201쪽.

3_森崎和江, 『慶州は母の呼び声 わが原郷』, 新潮社, 1984, 206쪽.

1. 모리사키 가즈에의 식민지 경험과 기억

모리사키 가즈에는 당시 '외지'로 불린 식민지 조선에서 태어나 자란 '내지인', 즉 재조일본인 2세다. 하지만 '내지를 모르는 내지인'[4]으로 성장한 모리사키는 그리 쉽게 '일본인'이라는 자기동일성에 수합될 수 없었다. 1927년 경상북도 대구에서 태어나 17년간 대구, 경주, 김천 등지에서 유소녀 시절을 보낸 모리사키는 1944년 17살 때에 후쿠오카(福岡)현립여자전문학교(현 후쿠오카여자대학)로 단신으로 내지 유학을 하게 되고, 다음해인 1945년에 일본 내지에서 패전을 경험한다. 패전으로 인해 조선에서 생활하던 그녀의 가족들도 '인양'을 거쳐 일본으로 귀환하게 되고, 모리사키 일가는 전후의 일본사회에서 제2의 삶을 영위해 간다. 하지만 전쟁과 식민지 체험에 대한 '단절'의 감각을 통해 배타적인 자기동일성을 구축하고자 했던 전후의 일본사회에서 모리사키는 '일본인이 되는 것'에 위화감을 품게 된다.

> 일본에 살기 시작한 나는 일본 풍토에 대한 혐오감에 괴로워했다. 자민족으로 자족하고 있는 자의 냄새는 태양이 떠오르는 곳도, 지는 곳도 자신의 정념의 들판이라고 믿고 있음으로 안으로 틀어박혀 버리는 것이다. 이질적인 문화를 인정하는 힘이 연약하다. 오히려 그것을 배척한다.
>
> 나는 외로웠다. 이런 풍토가 모국인 걸까. 이웃 여러 민족을 멸시할 뿐 아니라, 나라 안에서 동질이 바싹 달라붙어 문을 서로 닫아 잠근다. 이래서는 식민자 2세인 나보다도 못한 게 아닐까.[5]

4_森崎和江, 『ははのくにとの幻想婚』, 現代思潮社, 1970, 212쪽.

5_森崎和江, 『風』, 沖積舎, 1982. 이 글에서의 인용은 『森崎和江詩集』, 思潮社, 2015, 135~136쪽.

그림 6 모리사키 가즈에

전후 일본사회는 타민족뿐만 아니라 '인양자'=귀환자도 차가운 시선으로 대했다. 인양자를 마치 거지처럼 '애물단지' 취급하는 국내 분위기와 배외주의적 풍조가 팽배한 전후의 일본사회에서 모리사키는 '일본인'이라는 자기동일성에 쉽게 수합되지 못했다. 한편으로 그녀는 자신의 원향=조선을 솔직하게 그리워하지도 못하는 자신을 의식해야만 했다. 가령 그녀는 1982년에 간행한 시집『바람(風)』의 후기에서 일본으로 귀환한 후의 자신의 심리상태를 다음과 같이 토로하고 있다.

> 조선의 풍토와 풍물 속에서 자라면서 그것에 조금의 망설임도 지니지 않고 나는 성장했다. 하지만 패전 전후를 일본에 와 있었기 때문에, 이윽고 지배민족의 아이로서 식민지에서 감성을 기른 것에 고뇌하게 된다. 그것은 씻어 낼 수 없는 원죄와 같이 내 속에 침윤해 갔다.[6]

조선에서 태어나서 자란 그녀의 감각과 인격은 어린 그녀를 둘러싼 조선의 자연, 풍토, 풍물, 사람들 속에서 길러졌으며,[7] 그녀가 그 누구보다 자신의 고향=조선을 사랑했음을 작품 곳곳에서 확인할 수 있다. 하지만 "나는 자신의 탄생을 일본의 아시아침략과 분리해서 생각할 수가 없다"[8]는

6_森崎和江,『風』, 沖積舎, 1982. 이 글에서의 인용은『森崎和江詩集』, 思潮社, 2015, 135쪽.

7_그녀 자신 "나의 원형은 조선에 의해서 만들어졌다. 조선의 마음, 조선의 풍물풍습, 조선의 자연에 의해서"와 같이 자신의 근원적인 감각과 인격이 조선의 환경 속에서 형성되었음을 작품 곳곳에서 토로하고 있다. 인용은 森崎和江,『ははのくにとの幻想婚』, 現代思潮社, 1970, 212쪽.

원죄의식은 그녀로 하여금 순박하게 조선을 그리워할 수 없게 만드는 양가감정(ambivalence)을 자아냈다. 일본인이면서 하지만 일본인이 아니라는 분열된 '나'와 대치할 수밖에 없는 내면적 체험. 게다가 양분으로 삼아 성장한 그 토지가 다름 아닌 자신의 나라가 탈취해서 지배한 식민지였다는 사실을 사후적으로 깨달은 재조일본인 2세로서, 자신의 출자에 대한 부채의식과 원죄의식이 복합적으로 얽히면서 모리사키는 그 누구보다도 자신의 삶과 아이덴티티에 대해 고뇌했던 것으로 보인다. 모리사키에게 "자신의 출생이—생활 방식이 아니라 태어난 사실이—그대로 죄라는 생각의 어두움은 말로 형언할 수 있는 것이 아니"[9]었던 것이다. 이에 모리사키는 전후의 일본에서 자신이 살아가는 방식을 나름 고민하고 찾고자 했다. 그 치열한 고뇌 속에서 그녀의 독특한 문체와 인생관, 아이덴티티가 형성된 것으로 보인다.

> 나는 조선에서 일본인이었다. 내지인이라 불리는 부류였다. 하지만 나는 내지를 모르는 내지인에 지나지 않는다. 내지인이 식민지에서 낳은 여자아이인 것이다. 그런 내가 뭐로 자랐는가, 나는 뭐로 되었는가, 나는 식민지에서 무엇이었던가, 또한 패전 후 모국이라는 곳에서 나는 무엇이었는가(아니 무엇이려고 혹독하게 고생했던가. 나는 여기서, 이 나라에서, 태어나면서부터 무엇이라는 자연스러움을 주관적으로 소유하고 있지 않았다. 나는 무엇이기 위해 자신의 힘으로 가능한 한의 삶을 살았다. 마치 잃어버린 무언가를 탈환하기라도 하려는 듯이).[10]

8_森崎和江, 『ははのくにとの幻想婚』, 現代思潮社, 1970, 158쪽.
9_森崎和江, 『ははのくにとの幻想婚』, 現代思潮社, 1970, 178쪽.
10_森崎和江, 『ははのくにとの幻想婚』, 現代思潮社, 1970, 212~213쪽.

모리사키는 전후의 일본에서 일제강점기에 강제 연행된 조선인들이 노역했던 곳으로 알려진 규슈 지쿠호의 탄광촌에 거주하면서 탄광의 지하노동자로부터 살아가는 방식을 배우고자 했고, 일본열도 각지를 여행하면서 취락에서 생활하는 사람들과 교류하고 특히 여성의 삶에 많은 관심을 쏟았다. 그녀 자신 "그 여행은 나를 품어 길러준 조선의 그 대지에 사죄하고 싶다, 는 기분과 겹쳐지고도 있었다"[11]고 말한 바와 같이, 그녀가 전후 일본에서 민중운동과 여성해방운동에 진력한 것도 일본인 여성으로서 조선에 사죄하기에 부끄럽지 않은 사람이 되고 싶다는 원망(願望)이 그 동인(動因)으로서 작용한 것으로 보인다.

모리사키 가즈에의 식민지 경험과 기억을 살펴볼 때 특히 주목해야 할 것은 유년기에 피식민자인 조선인 유모의 보살핌 속에서 자랐다는 사실이다. 모리사키에게 조선인 유모(어머니, 엄마, 언니)의 존재는 아이덴티티를 포함한 자신의 전인적 인격형성과정에 지극히 중요했다. 모리사키는 '나'라는 아이덴티티가 그녀가 태어나 자란 조선에 의해 만들어졌다는 점을 실감했고, 그 중에서도 무엇보다 조선인 유모의 애정을 통해 형성되었음을 인정하고 있다. 어린 모리사키의 귀에는 '어머니'라는 소리가 일단 기분 좋게 울려 퍼진다.

> 어머니라는 말은 おかあさん(어머니)의 조선어다. 조선의 아이들은 '어머니!'라고 부른다. 어린 애는 '엄마!'라고 한다. 좋은 울림을 지닌 말이다. 조선에 있던 일본인들은 그 가정에서 가사를 해주는 가정부 조선부인을 어머니라고 불렀다. 가정부 소녀는 일본식으로 언니라고 했다. 어머니나 언니는 우리들이 자라는 동

11_『森崎和江詩集』, 思潮社, 2015, 140쪽.

안 내 신변에서 닿을 수 있는 푹신하고 커다란 방석과 같은 것이었다. 그 안에서 우리들은 된장국을 마시고, 조선식 채소 절임을 먹고, 조선식으로 꿰매 준 옷을 입고 학교에 다녔다. 나에게는 친어머니 등에 업힌 기억은 남아 있지 않지만, (조선인) 어머니 등의 온기와 머리카락이 뺨이나 입술에 닿곤 했던 기억은 남아 있다.[12]

이처럼 모리사키의 유년기 기억은 조선인 어머니의 애정으로 가득 채워져 있고, 어머니에 대한 고마움은 귀환 후의 일본에서 모리사키 자신의 출산과 육아생활 속에서 더욱 크게 부풀어 오른 것으로 보인다. 조선인 어머니와 언니는 어린 모리사키에게 옛날이야기도 자주 들려주었고 이 같은 경험은 자신의 원향=조선에 대한 그리운 기억으로 그녀 안에서 자리 잡았다. 모리사키에게 조선인 어머니에 대한 깊은 애정과 고마움은 자신이 식민자임에도 불구하고 그런 자신을 정성껏 키워 주었다는 사실에 대한 감사의 표현이기도 하다. 하지만 그런 기억 속의 조선인 어머니에게 깊은 고마움을 느끼는 일은 동시에 현재의 자기 자신에 대한 죄의식을 상기시키는 결과가 되기도 할 것이다. "나는 한결같이 조선에 의해서 길러졌다. (조선인) 어머니를 만나고 싶지만 감사하다고 말할 수 있는 입장을 지니지 못한다"[13]고 자기비판하는 것이다. 즉 모리사키가 그녀에게 상냥하게 대해 주었던 조선인 어머니의 모습을 상기하면 할수록, 식민지에서 태어나 자란 식민자로서의 자신의 원죄를 계속 인식하지 않으면 안 된다는 역설에 빠지게 되는 것이다. 모리사키에게 '어머니'라는 말의 울림은 한편으로는 유년기에

12_森崎和江, 『ははのくにとの幻想婚』, 現代思潮社, 1970, 227~228쪽.
13_森崎和江, 『ははのくにとの幻想婚』, 現代思潮社, 1970, 178~179쪽.

친숙했던 "어머니 등의 온기"를 상기시키는 것이기는 하지만, 다른 한편으론 식민자로서의 자기상을 강박적으로 자각시키는 것이기도 하다. 자신의 생명은 조선인 어머니의 젖을 듬뿍 먹으면서 풍요롭게 자라났다. 자신은 조선인 언니로부터 '사랑'이라는 조선말을 배웠다. 조선의 바람도 물도 하늘도 대지도 사람도 자신의 혈육에 깊은 애정으로 스며들었다. 당연히 자신은 조선을 사랑했고, 조선인을 사랑했다. 하지만 자신을 귀여워해 준 조선인 엄마는 일본의 패전을 바라는 피식민자이기도 했다는 사실을 전후의 일본에서 사후적으로 깨달은 모리사키는 이 어쩔 수 없는 그리움과 자기혐오 사이에서 고뇌하지 않을 수 없었던 것이다.

2. 시 작품에 나타난 '조선'

모리사키 가즈에는 지금까지 6권의 시집을 간행했다. 다채로운 그녀의 저술활동 중에서도 시 창작은 그녀의 사상이 형성되는 모태로서 중요한 의미를 지닌다. 그녀의 시는 거칠게 정리하자면 여성의 성과 삶, 탄광에서 일하는 사람들의 삶, 새로운 생명에 대한 환대 등 다양한 주제를 노래하는데, 이 글에서는 그 중에서도 '조선'과 관련된 내용을 발췌해서 시 행간에 녹아들어 있는 그녀의 감성과 사상을 논의해 보고자 한다. 다음은 2004년에 간행된 시집 『조릿대 피리 하나(ささ笛ひとつ)』에 수록된 「여행가는 곳(旅ゆくところ)」의 전문이다.

태어난 곳 그곳이 고향
이라고 나에게 말할 수 있을 리도 없다

그곳은 당신의 고향

갓난아이는 잠들고

태어난 곳 그곳이 고향
이라고 나에게 말할 수 있을 리도 없다
그곳은 당신의 영혼

갓난아이는 잠들고

햇빛 흐르고
구름 건너
달 빛나고
별은 흘러

갓난아이는 잠들고
갓난아이는 미소짓고

태어난 곳 그곳이 고향
그렇게 말하고 사람들은 살아간다
하늘을 우러러보는 초목과 같이

여기는 땅 밑바닥

여행가는 곳
생명의 뿌리인 나라 여행의 하늘[14]

모리사키에게 자신이 태어난 곳이자 자신의 원형이 만들어진 조선은 진정한 고향에 다름 아니지만 그녀는 그곳을 고향이라고 "말할 수 있을 리도 없다". 왜냐하면 그곳은 가해자이자 식민자였던 자신의 고향이 아니라 당신=조선인의 고향이자 영혼이기 때문이다. 그녀는 조선에서 내지인이라 불리는 엄연한 일본인이었고, 내지인이 식민지에서 낳은 여자아이였다. 그녀 스스로 "나의 조선에 대한 마음은 내 주형이 된 것의 실체에 대한 그리움에 닮아 있다"[15]고 토로했듯이, 그녀는 자신을 길러 준 조선, '나'라는 인격이 형성된 조선이라는 고향을 그 누구보다도 그리워한다. 하지만 그녀는 "만들어진 존재가 그 만든 손에 이어지는 참모습을 그리워할 때, 나는 절망적으로 되어 버릴"[16] 수밖에 없다. 조선에서의 출생이 가져온 고향에 대한 정신적인 회귀본능과 그것에 언제나 제동을 거는 내성(內省). 이에 그녀는 전후의 일본에서 자신이 살아갈 장소를 찾고 조선과 마주 대할 수 있는 자신으로 거듭나고자 했고, 이 같은 내적 동인이 그녀로 하여금 자연스럽게 지하탄광으로 이끌었을 것으로 여겨진다. "여기는 땅 밑바닥"인 것이다. 지상에서 환하게 쬘 수 있는 햇빛이 소여(所與)의 것으로 느껴지지 않을 때, 중력을 극단적으로 거스르든가 따르든가 하지 않으면 스스로의 표준점을 조정하기가 어려울 것이기 때문이다. 같은 맥락에서 그녀가 태평양과 동해=일본해 연안을 따라 오키나와부터 홋카이도까지 일본열도 각지를 여행하면서 취락에서 생활하는 사람들과 친해지고 교류한 것도, 한 사람의 일본인으로서 조선의 대지에 사죄하고 싶다는 기분이 작용한 것으로

14_森崎和江, 『ささ笛ひとつ』, 思潮社, 2004, 78~80쪽.
15_森崎和江, 『ははのくにとの幻想婚』, 現代思潮社, 1970, 213쪽.
16_森崎和江, 『ははのくにとの幻想婚』, 現代思潮社, 1970, 213쪽.

보인다. 이 같은 기분은 시 「생명의 모국을 찾는 소리(いのちの母國をさがすおと)」에 담긴 다음과 같은 구절을 통해 확인할 수 있다.

> 식민2세인 나는
> 동해의 파도 물보라 치는 열도에서 다시 살면서
> 당신의 고향에 사죄하고 싶다고
> 모국을 찾고 찾아 지하탄광을 갔습니다[17]

모리사키 가즈에가 산출한 시는 재조일본인 2세 출신이면서 타향과도 같은 일본에 귀환한 후 자신의 진정한 삶을 찾기 위한 문학적 여행이었고, 그 작업은 고뇌를 동반한 고독한 여로이면서 동시에 '당신'에게 말을 건네는 열린 다이얼로그라고 할 수 있겠다.

3. 재조일본인 2세 여성 문학의 역사적 위치와 의미

1968년, 모리사키는 41살 때에 한국의 경주중고교 창립30주년 기념축하회에 돌아가신 부친을 대신하여 출석하는데,[18] 그녀에게 이 '귀향'은 특별한 의미를 지녔다. 1984년에 출판된 『경주는 어머니의 외침(慶州は母の叫び声)』에서 모리사키는 그때의 심경을 적고 있는데, 이 서명의 '어머니'가

17_森崎和江, 『ささ笛ひとつ』, 思潮社, 2004, 87쪽.

18_모리사키 가즈에의 부친은 1938년 신설된 경주중학교 초대 교장으로 부임했다. 일본으로 귀환 후 부친은 50대 중반의 나이로 병사했고, 모리사키 가즈에는 부친을 대신하여 경주중고등학교 창립30주년 기념식에 초대받아 한국을 방문하게 된 것이다.

조선인 어머니를 시사한다는 점은 중요하다. 이 책의 후기에서 모리사키는 다음과 같이 말한다.

> 나라는 아이의 마음에 비치던 조선은 어머니의 세계였을 것이다. 개인의 가정이라는 것은 넓은 세계 속에 피는 꽃과 같은 것으로, 세계는 하늘과 나무와 바람 외에 많은 조선인이 살면서 일본인과 뒤섞여 있는 곳이라고, 그런 식으로 느끼고 있던 나는 늘 언제나 낯선 어머니들에게 보호받고 있는 기분이 들었다. 즉 그 정도로 조선 어머니들의 정감은 지극히 자연스럽게 대지에 숨 쉬고 있었다. 지나가는 어머니가 머리를 쓰다듬어 주고, 잔돈을 쥐어 주려 했고, 말도 모르는 채 고개를 가로저으면서 아직 젊은 어머니 옷소매로 숨었던 것이다.[19]

인용문에서는 조선인 어머니에 대한 모리사키의 깊은 애정과, 자기 존재의 근원과 관련된 조선에서의 풍경이 점묘되어 있다. 하지만 모리사키는 이어서 다음과 같은 자기부정과 혐오를 토로하지 않을 수 없었다.

> 쓰기까지 상당한 세월을 필요로 했습니다. 쓰려고 결심한 것은 그저 악귀의 아이라고도 해야 할 일본인 아이들을, 인간이라는 이유로 부정하지 않고 지켜 준 어머니에 대한, 말로 형언할 수 없는 사모의 정에 의해서입니다.[20]

모리사키의 어머니에 대한 깊은 애정은 '일본인'으로서 그녀 자신의 원죄와 표리일체가 되어 있는 것이다. 주지하듯이 1990년대 이후 일본에서는 식민지 지배와 침략전쟁으로 점철된 '조부들의 이야기'를 비틀어 긍정하

19_森崎和江, 『慶州は母の呼び声 わが原郷』, 新潮社, 1984, 224~225쪽.

20_森崎和江, 『慶州は母の呼び声 わが原郷』, 新潮社, 1984, 226쪽.

려는 우파 미디어, 네오 내셔널리즘의 논의가 일본의 젊은 세대들에게 폭넓은 지지를 얻었다. 또한 2000년대 이후에는 넷우익과 재특회로 대표되는 일본사회의 우경화와 배외주의가 날로 심화되는 추세다. 모리사키 가즈에가 산출한 문학표현과 사상은 이 같은 현대 일본사회의 배외적 풍조에 균열을 가하는 인문학적 안티테제로서 기능할 수 있을 것으로 평가한다. 모리사키 가즈에는 전후의 일본에서 식민자와 피식민자와의 관계, 여성과 소수자의 삶, 생명의 소중함 등을 사상적으로 깊이 있게 사유하면서, 공존과 공생의 미래를 모색하는 저작을 다수 발표해 왔다. 그 텍스트는 근대 일본의 전쟁과 식민지 경험을 전전과 전후를 가로지르는 연속선상의 입장에서 전후 세대들에게 다시금 환기시키는 추동력을 내부적으로 지니고 있다. 일본인의 역사적 공동 책무를 '현재'의 문제로서 공감하고 분유해야 할 필요성을 호소하고 있기 때문이다.

> 패전 이후 일본 대중 속에 섞여 들어 연명하고 있지만, 나는 주위 사람들과 같이 식민지 정책의 죄는 국가차원의 일로 우리들 일반인은… 이라는 식으로 생각할 여지가 없다. 기껏 아이 시절이 아닌가, 스스로 좋아서 거기서 태어난 것도 아니다, 고 생각해 본들 소용없다. 선택하지 않고 그 땅 모든 것을 흡수해서 자신을 형성한 일이 구원 없는 괴로움을 일으킨다. (…) 입술에는 업어 준 어머니와 언니의 머리카락이 들러붙어 있다.[21]

인간은 누구나 태어날 때 어떤 부모와 환경하에서 태어날지 스스로 선택할 수 없다. 우리가 비로소 자아를 자각하고 자기 인식을 지니게 될 때는

21_森崎和江, 『ははのくにとの幻想婚』, 現代思潮社, 1970, 178쪽.

이미 세상에 태어나 살아가고 있는 상태(being)-'존재'(being)인 것이다. 즉 사태의 순서로 말하자면 개개의 인간은 우선 세상에 내보내진 후에 일정한 시간이 지나고 나서야 사후적으로 자신이 자신임을 존재론적으로 인지하고, 자신의 내부와 외부를 의식적으로 분별하게 된다. 그렇다면 자신의 의식이나 의지와는 관계없이 식민자의 자식으로 태어나 식민지 조선이라는 시공간에서 유소녀 시절을 보내게 된 모리사키 가즈에 같은 재조일본인 2세들은 "기껏 아이"로서 식민지에서 일어난 일들에 대해 아무런 역사적 책무를 지지 않아도 된다고 이해해야 하는가? 이 같은 문제에 대해 당사자인 모리사키 가즈에는 '그렇지 않다'고 답변하고 있다. 모리사키의 개인사와 일본 식민지체제의 역사는 분리 불가능한 양태로 하나로 얽혀 있는 것이다. 인간은 실로 역사적인 존재로서 자신의 의지와는 상관없이 전개된 상황이라고 하더라도, 자신이 식민지에서 태어났다는 사실을 역사적 문제의 핵심과 연결시켜 이해하고, 그 공동 책무를 자신을 포함한 일본인의 문제로서 짊어지고 살아간 모리사키 가즈에의 문학과 사상이 지니는 존재론적 의의는 크다고 하지 않을 수 없다.

여기서는 '조선' 체험과 기억을 둘러싼 재조일본인 작가의 세대 간 차이와 집단적 정체성의 특징을 살펴보고자 한다. 우선 부언해 두어야 할 것은 작가집단의 세대론을 논의하는 작업의 타당성과 유효성에 관한 문제다. 가령 박광현은 재일문학의 세대론을 비판적으로 검토한 글에서 "'민족의 정체성'의 유무나 농담의 정도차를 동기로 그 세대의 문학적 특성을 동일화하여 이해하는 세대구분론은 그 안의 다양성을 훼손하는 측면이 있다"[1]고 지적하면서, 재일문학연구에서의 세대구분론이 초래하기 쉬운 오류와 한계를 지적한 바 있다.

이는 '조선적인 것' 자체가 아 프리오리(a priori)적인 성질처럼 이해되면서, 재일문학을 둘러싼 환경적 요인과 작가의 내적 변화 같은 가변적인

1_박광현, 「재일문학의 2세대론을 넘어서—'역사화와 영역화'에 대한 비판을 중심으로」, 『日語日文學硏究』 第53輯 2卷, 한국일어일문학회, 2005, 323쪽.

것을 곧잘 배제하려는 기존의 연구태도에 대한 적확한 비판이라고 할 수 있겠다. 그렇다면 재일문학과 표리관계에 있는 재조일본인(출신자)의 문학에 대해서도 세대론의 논의는 자칫 그 안의 다양성과 가변적인 사항들을 단순화하는 오류를 초래할지도 모른다. 다만 이 같은 오류의 위험성을 인식하면서도 이 책의 종장에서 '조선' 체험과 기억을 둘러싼 일본인 작가의 세대 간 차이와 집단적 정체성의 특징을 살펴보고자 하는 것은, 제국-식민지 시기에 이미 등단해서 기성작가로 활동하고 있던 기존의 재조일본인 작가(또는 예술가)들과, 이 책에서 논의해 온 전후 일본에서 등단한 재조일본인 2세 출신 작가들의 작품 성향과 사상에 뚜렷이 변별되는 차이점이 있다고 판단하기 때문이다.

일본의 패전 이전에 이미 등단해서 기성작가로 활동하고 있던 기존의 재조일본인 작가들은 대개 전후의 일본에서 그 활동이 미약했다. 다만 이들 중에는 소수이기는 하나 전후 일본에서도 작가활동을 계속한 사례가 있고, 수기와 감상 같은 글을 통해 자신의 조선체험과 심성을 직접적으로 피력한 사례는 상당부분 찾아볼 수 있다. 가령 유아사 가쓰에를 비롯하여 미야자키 세이타로(宮崎清太郎), 기미지마 요시(君島夜詩), 고니시 아키오(小西秋雄), 마스토미 데루코(桝富照子), 가토 쇼린진(加藤松林人) 같은 문학자, 화가의 글이 그러한 경우다. 이들은 소설, 시, 좌담회, 수기, 감상 같은 글을 통해 주로 '조선'에 대한 자신의 향수와 애정을 피력한다.

특히 1952년 6월 도쿄에서 창립된 일한친화회의 기관지 『친화(親和)』(월간, 1953년 11월 창간)에는 조선체험과 관련된 이들의 에세이, 문학작품 등이 다수 기고되어 있다. 가령 『친화』 1958년 10월호에는 '조선에 대한 향수'라 이름붙인 좌담회의 기록이 실려 있는데, 출석자는 모두 식민지 조선에서 10년 이상 거주하다가 패전으로 인해 일본으로 귀환한 경력이 있다. 이 지점에서 확인해 두어야 할 사항은 같은 재조일본인 2세 출신일지라도 비교적 연령이 높아서 패전 이전에 성인이 되어 조선이나 일본의 문단에서 활동하고 있던 문인·예술가들과, 이 책에서 주로 검토한 전후에 등단한 문학자들을 구분해야 할 필요가 있다는 사실이다. 최준호는 고토 메이세이의 『꿈 이야기』를 논의한 글에서 "식민2세 사이에서도 패전 시의 연령에 따라 스스로 태어난 고향에 대한 인식의 차이"[2]를 지적하는데, 가령 이 책의 1장과 2장에서 논의한 작가 유아사 가쓰에의 경우가 재조일본인 2세 출신이면서도 연령적인 조건에 의해 제국-식민지 시기에 이미 등단해서 기성작가로 활동하고 있던 대표적인 사례가 된다. 이처럼 재조일본인 2세 출신 안에서도 그 연령층에 따라 좀 더 세분화해서 논의해야 할 필요가 있는데, 그 세대 간 특징은 '고향'에 대한 인식의 차이에서 특히 두드러진다. 앞의 좌담회에서 출석자들은 '나와 조선'이라는 주제로 저마다 자신의 경험담을 털어놓는데, 시인 기미지마 요시는 '인양' 후의 일본에서 느낀 자신의 심성을 다음과 같이 피력한다.

> 조선에 있는 동안은 자신은 일본인이라는 의식이 매우 강했습니다만, 도쿄로 어쩔 수 없이 돌아와서 일본인 사이에서 늘 지내 보니 일본인이면서 일본인답지 않은 듯한 기분을 온갖 경우에 느낍니다. (…) 제가 가장 유감스럽게 여기는 것은 일본인이 너무나도 아시아대륙으로 이어지는 조선반도와 조선민족을 이해하지 못하고 있던 일입니다.[3]

2_崔俊鎬, 「植民地體驗と記憶の形象化—後藤明生『夢かたり』を中心に」, 『일본어문학』 제50집, 한국일본어문학회, 2011.9, 256쪽.

3_君島夜詩, 「座談會 朝鮮への鄕愁—初秋のよるに語る」, 『親和』 59, 日韓親和會, 1958.10, 4쪽.

인천에 거주하던 기미지마에게는 어린 시절 조선인 친구들과 놀던 즐거운 기억과, 헌병대에 "붙잡힌 조선 사람들이 줄줄이 묶여 연행되는 것을 무서워하며 본 기억"[4] 등이 공존하는데, 이들 출석자의 발언을 통해서는 일본과 조선 사이에서 흔들리고 있던 조선에서의 생활감각과, 전후의 일본에서 그들이 조선을 '그리운 고향'으로 간주하는 모습을 찾아볼 수 있다. 유아사 가쓰에는 이 좌담회에서 "우리들은 아마 조선과 같은 얼굴을 하고 있을 것"[5]이라고 명언하는데, 패전 후 일본으로 귀환한 이들 재조일본인 문학자, 예술가가 전후의 일본에서 '조선'을 그리운 '고향'으로 향수하는 심성은, "과거에 대한 망각 또는 역사적 이해가 결여된 향수의 과잉"[6]이 만연한 전후 일본사회에서, 일찍이 내면화하고 있던 식민자적 관념을 조선에 대한 '애정'으로 비틀어 전이하는 무/의식적 작위에 의한 것일 가능성이 농후하다. 다시 말해 기성 문학자들의 글을 통해서는 이들이 전전에 내면화하고 있던 식민자적 무/의식을 전후에 안이한 '우호친선'으로 전이하면서, 조선을 그리운 '고향'으로 향수하는 심성이 혼재되어 있음을 볼 수 있는 것이다.

이에 대해 이 책에서 논점을 두고 있는, 전후에 등단한 재조일본인 2세 출신 작가들의 경우는 그 심상풍경이 달랐다. 이들에게 '조선'은 유소년 시절의 '원향'임과 동시에 자신의 국가와 (조)부모 세대가 조선에 대해 무엇을 해왔는가를 사후적으로 깨닫고 느끼는 '상흔(trauma)'이기도 했기에, 단순

4_君島夜詩, 「座談會 朝鮮への郷愁—初秋のよるに語る」, 『親和』 59, 日韓親和會, 1958년 10월, 4쪽.

5_湯淺克衛, 「座談會 朝鮮への郷愁—初秋のよるに語る」, 『親和』 59, 日韓親和會, 1958년 10월, 3쪽.

6_오미정, 「고바야시 마사루의 「포드·1927년」론—중개는 가능한가?」, 『日語日文學硏究』 제78집 2권, 한국일어일문학회, 2011, 330쪽.

히 조선에 회향의 정을 품으며 안일한 향수를 느낄 수는 없었다. 가지야마 도시유키의 소설 「잘 있거라, 경성(さらば京城)」(1971)에서 재조일본인 2세 출신의 여주인공 오다 야스코는 자신이 태어나고 자란 '경성'을 전후의 일본에서 그리워하면서도, 회향의 정을 품는 스스로에게 "그 착취와 압정(壓政)에 가담한 측의 인간이 과연 그리워하거나, 옛날 그대로라고 기뻐하거나"[7] 해도 용인되는 것인지를 반문한다. 만년의 고바야시 마사루도 '조선'에 대한 "내 안의 그리움을 거부한다"라고 선언했는데, 이 같은 선언의 이면에는 실은 그 누구보다도 '조선'이 그립지만 그 그리워하는 자신을 부정하면서 자신의 내면 깊숙이 자리한 식민자 의식을 내파(內破)하려는 통절한 의식이 잠재해 있을 것이다. 또한 고바야시는 한 개인의 차원을 넘어 '일본인'의 총체적 식민지 경험과 그 '공동책무'를 자신의 작품 속에서 끊임없이 환기하고자 했고, 그런 의미에서 그의 텍스트는 일본인 세대 간의 역사적 경험에 대한 기억의 분유와 계승을 수행할 수 있는 역사적 위치에 서 있다. 그는 다음과 같이 말한다.

> 내가 조선에서 태어난 것은 내 책임이 아니다. 하지만 나는 15년 동안 일본인으로서 조선에 있었다. 식민자로서 거기에 있었다. 나는 어린애였으니까, 라는 것은 변명이 되지 않는다. 나는 아마도 조선인들에게 무해했을 것이다, 라는 것도 또한 아무런 변명도 되지 못한다. (…) 역사라는 건 요컨대 그러한 것으로 내가 어린애고 무해했다손 치더라도, 나 혼자만 일본제국주의와 식민지 역사에서 제외될 수는 없다. 역사라는 건 그런 혹독한 것이요, 그 정도로 무거운 것이다. 그리고 나를 포함해서 모든 일본인은 이 역사를 몸 가장 깊은 곳에서 짊어지고 가야만 한다.[8]

7_梶山季之, 「さらば京城」, 『李朝残影—梶山季之朝鮮小説集』(川村湊編・解說), インパクト出版會, 2002, 209쪽.

부모 세대의 식민자 의식, 차별의식, 멸시감을 거부하고 그와 결별하는 내면적 실천. 인간이 다시 '괴물'로 전락하지 않기 위한 역사적 교훈을 문학적 형상화를 통해 전후 세대에게 전하고자 하는 영위. 이 책에서 논의해 온 재조일본인 2세 출신자의 문학은, 제국-식민지의 역사를 왜곡하고 내셔널리즘을 선동하는 작금의 일본사회에 들이대는 하나의 안티테제로서 현재도 유효한 텍스트이자, 인간이 '인간'이기 위한 글쓰기였다고 평가한다.

전쟁과 식민지를 경험하지 못한 전후세대가 일본인 인구의 대다수를 차지해 가면서 일본에서는 90년대 이후 '자유주의 사관', 네오 내셔널리즘 논의를 통해 조부들의 '긍지'를 되찾고, 2000년대 이후 넷우익과 재특회를 중심으로 젊은 극우세력들의 헤이트스피치와 배외주의는 날로 격화되는 양상을 보인다. 이에 이 책에서 논의해 온 재조일본인 2세 출신자의 문학은 역사적 경험에 대한 세대 간의 가교와 분유의 역할을 수행할 수 있는 위치에 있고, 작금의 일본사회 풍조에 맞서는 인문학적 안티테제로서 기능할 수 있다. 이 내용들이 일국 단위의 역사를 넘어 역사의 통로가 되고, 대화의 계기가 되기를 바라 마지않는다.

8_小林勝, 「體の底のイメージ」, 『新日本文學』 1959年 6月号, 新日本文學會, 80~81쪽.

전후 재일한국인의 일본어 문학과 '다문화사회'

근래 이른바 '트랜스내셔널 문학' 또는 '월경(越境)문학'이 일본문학계에서도 주목을 받으면서 외국 출신 작가의 일본어 문학이 유명 문학상에도 선정되고 있다. 그 대표적인 예가 이란 출신의 여성작가 시린 네자마피(Shirin Nezammafi)가 쓴 소설 「하얀 종이(白い紙)」가 2009년 제108회 『문학계(文學界)』(문예춘추사 주관) 신인상을 수상한 일이다. 시린 네자마피는 문학계 신인상 수상 외에도 2006년에 유학생 문학상을 수상했으며 2009년, 2010년에는 아쿠타가와상(芥川賞) 후보에도 올랐다. 이 같은 현상은 일본 국내에서는 일반적으로 문학의 공유기반이라고 여겨지는 '문화'와 '언어'를 단일한 속성이 아니라 다양성으로서 제시한다는 의미에서 '다문화'를 체현하는 일본어 문학이라고 긍정적으로 평가되고 있는 듯하다. 그리고 이 같은 평가는 '다문화'가 본격적으로 일본사회의 화두로 등장하게 된 2000년대 이후의 사회분위기와 연동하는 측면이 있다.

전후 오랫동안 단일민족국가관을 정책적으로 유지해 온 일본정부는 자국 내 소수민족의 존재를 부정하고, 외국인의 정주화를 제한하는 배제적 제도를 통해 민족적, 혈연적 규정에 의한 국민국가로서의 정체성 유지에

힘써 왔다. 하지만 저출산·고령화로 인한 자국 내 인구감소와 노동력 부족이라는 위기상황과 더불어 외국인의 수적 증가 및 장기체재화, 정주화 경향에 따라 일본정부의 시책은 변화할 수밖에 없게 되었고, 일본정부는 2000년대에 들어서면서부터 외국인은 일시적 존재라는 인식에서 벗어나 '다문화공생'을 위한 제도적 조건정비에 나섰다.[1] '트랜스내셔널 문학', '월경문학', 외국출신 작가의 유명 문학상 수상 등 문학계의 이른바 '다문화' 현상도 이 같은 사회제도적인 추세와 맞물리는 측면이 있다고 봐야 할 것이다.

하지만 전후에 발표된 일본의 문학사나 문학담론 속에서는 흔히 간과되고 있지만, 일본의 근현대문학과 문학상이 제국과 식민지와 관련해서 전개되었다는 사실[2]을 염두에 두고 이 같은 '다문화' 현상을 거슬러 올라가 보

1_1980년대 이후부터 일본 내 외국인이 지속적으로 증가해 왔고, 지자체와 시민단체 차원에서 다문화사회에 대한 인식과 제도적 정비의 필요성이 꾸준히 제기되어 왔지만, 일본정부가 이를 정책적으로 검토하기 시작한 것은 2000년대에 들어와서부터다. 그 이전까지 일본정부는 기본적으로 외국인을 일본사회의 '문제'로 인식하고 있었으며, 따라서 문제해결의 관점에서 '관리'해야 한다는 입장을 고수해 왔다. 하지만 2004년을 정점으로 2005년부터 인구감소시대에 접어들고, 일반영주자와 특별영주자를 포함한 재일외국인이 매년 급증하는 상황에서 외국인이 지역사회의 구성원으로서 함께 살아갈 수 있도록 하기 위한 조건정비를 처음으로 종합적으로 검토하기 시작했다. 가령 2006년 3월 일본 총무성은 '다문화공생'이라는 표현을 공식적으로 사용하면서 총무성에 '다문화공생의 추진에 관한 연구회'를 설치해서 시책을 마련하는 등 제도적 정비에 들어갔다(정미애, 「일본의 단일민족국가관에서 다문화공생으로의 인식변화와 다문화공생의 거버넌스」, 『한국정치학회보』 제45집 제4호, 한국정치학회, 2011; 鄭美愛, 「일본의 외국인 정책과 다문화 공생정책의 간극」, 『의정논총』 제5권 제2호, 한국의정연구회, 2010 참조).

2_필자는 전전의 일본의 문학상 제도가 '동아시아'라는 문학적 장소를 어떤 방식으로 전유하면서 문학담론/창작의 시대적 조류를 창출하려고 했는지를 검토한 바 있다. 「제국 일본의 문학상과 그 공공권(公共圈) 범위의 모색—아쿠타가와상을 중심으로」, 『日本語文學』 제64

면, 현재의 문학상에서 일어나는 외국 출신 작가의 수상 현상도 일본문학의 공공권(公共圈) 구상에서 벗어난 전혀 별개의 '다문화' 현상이라고 보기는 힘들 것 같다. 전후의 문학상 제도는 외국적 출신 작가의 일본어 문학을 '포섭'하면서 현대 일본문학의 '새로운' 공공권을 구상하고 표상해 온 셈인데, 이 글에서는 그 내실의 내역과 문제점, 혹은 가능성 등을 2016년도 군조(群像)신인문학상을 수상한 재일한국인 최실(崔實)의 작품 「지니의 퍼즐(ジニのパズル)」을 논의하면서 구체적으로 개진하고자 한다. 우선 다음 절에서는 전후 일본의 문학상과 재일외국인의 수상 내역을 개관하겠다.

1. 전후 일본의 문학상과 재일외국인의 수상

제국의 해체 이후 전개되는 일본의 문학상은 '전후' 문학의 새로운 방향성과 이념을 강하게 의식했다. 가령 아쿠타가와상은 1945년부터 48년까지 수상작 선정을 일시 중단했고, 1949년 상반기(제21회)에 고타니 쓰요시(小谷剛)의 「확증(確證)」의 수상을 시작으로 전후 활동을 재개했는데, 이 1949년에는 패전 후의 일본인의 귀환='인양' 서사를 대표하는 후지와라 데이(藤原てい)의 『흐르는 별은 살아 있다(流れる星は生きている)』가 발표되는 등, '외지'에서 귀환한 일본문학도 문학계 차원에서 전후 문학의 방향을 모색하던 시기였다. 이와 같은 시기에 재가동한 문학상도 전후 일본문학의 방향성을 강하게 의식하면서, 순문학과 대중소설의 중간적인 작품을 의미

집, 한국일본어문학회, 2015; 「문학상 제도의 조선 이식과 전개과정」, 『日本學』 제41집, 동국대학교 문화학술원 일본학연구소, 2015.

하는 '중간소설'을 수상(후보)작으로 선정하는 등 나름의 변화를 모색했다. 1955년 하반기(제34회) 아쿠타가와상 수상작인 이시하라 신타로(石原慎太郎)의 「태양의 계절(太陽の季節)」 현상이 대표하듯이, 아쿠타가와상은 일본의 고도 소비경제사회가 시작되는 시점에서 문화적 유행을 이끌 대중소설을 수상작으로 선정한다.

다른 한편으로 문학상은 재조일본인 2세 출신자의 문학이나 재일조선인의 일본어 문학 등 일본사회 내부의 '소수자'와 '타자'에게도 발표의 장을 부여하면서 제 나름 수상작 선정에서 다양화와 '다문화'를 꾸준히 도모해왔다. 가령 재조일본인 2세 출신인 고바야시 마사루는 일본의 전쟁과 식민지 체험을 형상화한 작품군으로 1950년대에 세 번에 걸쳐 아쿠타가와상 수상후보작으로 선정되었으며, 재일조선인문학의 경우에는 주지하듯이 1971년 하반기(제66회)에 이회성이 「다듬이질하는 여인(砧をうつ女)」으로 재일조선인으로서는 처음 이 상을 수상한 이래 이양지, 유미리, 현월 등이 뒤를 이어 수상했고, 그에 앞서 김달수, 김석범, 정승박, 김학영 등이 후보에 올랐다. 이처럼 재일문학은 아쿠타가와상 수상을 통해 한일 양국에서의 인지도를 높이면서 문학시장에 활기를 불어넣었다. 아쿠타가와상뿐만 아니라 김학영은 말더듬이인 재일조선인 2세 청년의 고뇌를 그린 「얼어붙은 입(凍える口)」으로 1966년에 문예상을 수상했으며, 일본으로 귀화했거나 일본명으로 작품 활동을 했던 재일조선인 작가들이 나오키상(直木賞)을 다수 수상했다. 나오키상 수상(후보)작으로는 다치하라 마사아키(立原正秋)의 「옻나무 꽃(漆の花)」(1965), 「흰 양귀비(白い罌粟)」(1966), 쓰카 고헤이(つかこうへい)의 「가마타행진곡(蒲田行進曲)」(1982), 이주인 시즈카(伊集院静)의 「우케즈키(受け月)」(1992) 등이 있고, 근래에는 가네시로 가즈키(金城一紀)가 『GO』로 2000년에 수상했다.

이 같은 문학상의 행보는 전후의 일본사회가 '단일민족신화'라는 이데올로기로 회귀하면서 과거 '제국'의 역사를 말하는 것 자체를 금기시해 왔던 경위를 염두에 둘 때, 분명 이채를 띤다. 전후의 일본에서 작가로 데뷔한 재조일본인 2세 출신자의 문학이나 재일조선인문학 그 자체가 제국과 식민지 체제라는 역사적 배경 위에서 사후적으로 등장한 존재인 만큼, 이 같은 주제를 다룬 작품에 수상의 기회를 부여하고 발표의 장을 제공해 온 문학상의 활동은 분명 특기할 만한 사항이다. 수상작에 대한 동아시아 각국의 반응도 흥미로운 사항인데, 가령 이회성의 아쿠타가와상 수상은 한국사회에 재일문학을 인지하는 차원에서도 적잖은 영향을 주었고,[3] 2008년도 상반기(제139회)에 중국적을 지닌 여류작가 양이(楊逸)가 작품 「시간이 스며드는 아침(時が滲む朝)」으로 아쿠타가와상을 수상하면서 일본뿐만 아니라 중국에서도 화제가 되었다. 이처럼 재일외국인의 유명 문학상 수상은 일본 국내를 넘어 동아시아 각국에 화제와 관심을 불러일으키기도 한다. 이 점에서 전후 일본의 문학상은 전전과는 또 다른 차원에서 동아시아를 소환하면서 문학시장에 활력을 불어넣고 문학계에서의 '다문화사회'를 표방해 온 셈이다.

가장 최근에는 재일한국인 3세인 최실의 데뷔작 「지니의 퍼즐」이 2016년 제59회 군조신인문학상을 수상했고, 이 작품은 같은 해에 제155회 아쿠타가와상 최종후보에 오르고, 제33회 오다 사쿠노스케(織田作之助)상을 수상하면서 일본문학계의 관심과 스포트라이트를 한 몸에 받고 있다. 군조신인문학상 선정위원인 쓰지하라 노보루(辻原登)가 "굉장한 재능이 드래건

3_박광현, 「재일문학의 2세대론을 넘어서—'역사화와 영역화'에 대한 비판을 중심으로」, 『일어일문학연구』 제53집 2호, 한국일어일문학회, 2005, 314쪽 참조.

같이 출현했다!"[4]고 극찬한 바와 같이, 최실은 한동안 재일문학에서 나오지 않았던 새로운 신인의 등장을 내외에 알리며 일본문단에 화려하게 등단한 셈이다. 다음 절에서는 「지니의 퍼즐」의 내용을 살피면서 작품이 형상화하는 주제에 대해 논의하고자 한다.[5]

2. 아이덴티티의 퍼즐은 맞춰졌는가? : 최실의 「지니의 퍼즐」론

근래 일본 내 '조선학교'의 일상을 연구하거나 보여 주는 저작들이 발표되어 왔다. 연구서로는 2001년부터 3년간에 걸쳐 오사카의 조선학교에서 실시한 관찰과 필드워크를 중심으로 조선학교에서의 민족교육의 실태와 학생들의 아이덴티티를 정치하게 논의하고 있는 송기찬의 저작[6]이 대표적이고, 영화에서는 홋카이도 조선초중고급학교를 대상으로 학교생활의 소소한 일상을 보여 주는 김명준 감독의 다큐멘터리 영화 〈우리학교〉(2006)

4_辻原登,「選評　超新人の出現！」,『群像』第71巻 第6号, 講談社, 2016年 6月, 84쪽.

5_이 작품에 관해서는 한국은 물론이거니와 일본에서도 吉田晶子,「革命家が孵化するとき——崔実『ジニのパズル』・黄英治『前夜』について」,『社會評論』186, 社會評論社, 2016을 제외하고는 아직 학술적인 선행연구가 없는 상황이다. 2016년 6월 발표 이후, 심사평과 작가 인터뷰 기사, 촌평 등은 찾아볼 수 있으나 이제 막 등단한 신인작가의 한 작품만으로는 본격적인 논의가 어렵다는 사정이 개재해 있는 것으로 보인다. 이 글에서는 이 작품을 한국에 소개한다는 의의와 함께 최실의 문학상 수상이 갖는 맥락과 의미를 선정위원들의 심사평을 통해 논의하면서 이를 일본사회의 '다문화' 현상과 연계시켜 고찰해 보고자 한다.

6_宋基燦,『「語られないもの」としての朝鮮學校　—在日民族教育とアイデンティティ・ポリティクス』, 岩波書店, 2012.

가 있다. 한국에서도 재일조선인 학생들이 정체성을 형성하는 공간으로서 조선학교에 주목하면서, 조선학교에서 '대안 사회'의 가능성을 찾고자 하는 연구가 최근 발표되었다.[7] 이들 연구나 영화는 재일조선인 사회를 역사적으로 '집단화'해 버리거나 단순한 연구대상으로서 타자화해 버리는 경우가 많았던 선행연구에서 벗어나, 조선학교를 중심으로 조선인 아동과 청소년들의 '일상'과 아이덴티티 폴리틱스(identity politics)를 그려 낸다는 점에서 의미가 있다. 한편 문학작품의 경우에는 조선학교의 일상을 본격적으로 그려 낸 작품은 찾기가 힘든데, 이 글에서 논의하고자 하는 「지니의 퍼즐」은 한 재일한국인 중학생 소녀의 시점에서 조선학교에서의 생활과 모순, 그녀가 학교 안에서 일으키는 자그마한 '혁명'을 선명하게 묘사하고 있어 주목된다.

주지하듯이 조선학교는 재일조선인 자녀들의 민족교육을 위해 일본 국내에 설립된 '외국인'학교다. 일본 국내의 외국인학교에는 조선학교 이외에도 한국학교, 중화학교, 브라질인학교 등이 있는데, 조선학교는 1947년에 설립되었고 초급, 중급, 고급, 대학을 포함하여 전국에 100여 개 교가 있다. 학생 수도 약 1만 1000명으로 일본에서 가장 역사가 있고, 아울러 규모가 큰 외국인학교다.[8] 주목해야 할 것은 역사적으로 북한과 강한 유대를 지닌 조선학교가 북일관계의 역사에 농락당해 왔다는 사실이다. 특히 2000년대 이후에는 핵실험, 미사일 발사, 납치문제 등 북일 간에 마찰이 격화될

7_오태영, 「재일조선인의 역설적 정체성과 사회적 상상」, 『동악어문학』 제67집, 동악어문학회, 2016.

8_2012년 현재, 일본 전역의 조선학교는 99학교(초급학교 55개, 중급학교 33개, 고급학교 10개, 대학 1개)로 66개소에 분포되어 있다. 宋基燦, 『「語られないもの」としての朝鮮學校—在日民族教育とアイデンティティ・ポリティクス』, 岩波書店, 2012, 145쪽.

때마다 조선학교와 학생들에 대한 협박과 보복성 폭력사건이 자주 일어났다. 2010년 시작된 고교 수업료의 무상화에서도 조선학교에의 적용에 대해 문부과학성은 적용을 보류하고 있다.[9] 이처럼 북일관계가 현실적으로 투영된 조선학교는 양국의 관계가 악화될 때마다 일본사회의 집단적 폭력과 멸시, 차별의 대상이 되어 왔는데, 「지니의 퍼즐」에서는 그 모습이 한 중학교 1학년 소녀의 체험을 통해 극적으로 묘사된다.

그림 7 최실

작품 속 서사는 2003년 현재 미국 오리건 주의 어느 시골 고등학교에 재학 중인 유학생 '나'=박지니[10]의 시점에서 시작된다. 재일한국인 출신인 그녀는 일본 소학교를 졸업한 뒤, 중학교는 도쿄에 있는 조선학교에 들어가게 되었다. 이후 미국 하와이 주 가톨릭 고교로 유학했으나 퇴학당하고, 현재 다니는 오리건 주의 고등학교에서도 퇴학처분을 받기 직전의 상황에 놓여 있다. 그녀가 느끼는 '학교'라는 세계는 잔혹한 곳이고, 자신이 안주할

9_가령 2012년 1월 도쿄도는 조선학교에 대한 보조금을 예산으로 산정하지 않기로 결정했고, 이시하라 신타로(石原慎太郎) 도쿄도지사는 회견에서 "조선학교는 반일 교육을 하고 있으며, 북한이 우리 국민을 납치하는 것을 도왔다. 그런 조직이 앞으로도 그와 관련된 교육을 한다면 원조할 필요가 없다"는 취지의 발언을 했다(「日도쿄도, 조선학교에 보조금 중단 공식 결정」, 『연합뉴스』, 2013년 2월 7일자).

10_작품 속에서 주인공의 이름은 'パク・ジニ(박지니)'로 표기된다. '지니'는 한국식 이름으로는 '진이'를 발음대로 표기한 것으로 여겨지지만, 작가 자신이 "지니라는 이름으로 한 것은 전세계 사람들이 발음하기 쉽기 때문"이라 밝힌 것을 고려하여 본고에서도 그대로 '지니'로 표기한다. 작가의 인터뷰는 〈YOMIURI ONLINE〉 2016년 7월 19일자(http://www.yomiuri.co.jp/life/book/raiten/20160711-OYT8T50056.html).

수 있는 거처가 되지 못한다. 화자는 학교라는 공간이 배제와 차별의 시선으로 가득 찬 곳임을, 작품 첫머리에서 존이라는 한 백인 남학생을 집단적으로 무시하는 수업 중 에피소드를 통해 단적으로 보여 준다.

> 좀 전까지 받고 있던 생물학 수업에서는 또 존이라는 마음이 섬세한, 투명한 그림자를 지닌 백인 남자아이가 갑자기 울기 시작하면서 테이블 밑으로 숨었다. 바닥에 쓰러질 듯 드러누워 위를 향한 자세로, 떼를 쓰는 아기처럼 울부짖으면서 바닥을 탁탁 두드리고 있었다. 전에도 그런 적이 있었다. 존은 갑자기 울기 시작하는 아이였다. 그의 감수성은 보통 사람보다도 훨씬 예민한 것이다. 그러니까 그때는 교과서에 실린 토끼 해부도라도 봐버려서 상처를 입었을지도 모른다. 어쩌면 존은 세계에서 가장 상냥한 아이일지도 몰랐다.
>
> 하지만 학교란 정말로 잔혹한 곳이다. 아니, 학교라기보다는 이 세계가 그렇다고 생각하지만, 수업은 이 세계와 마찬가지로 멈출 줄 모르고 나아갔다. 마치 존 따위 존재하고 있지 않은 것처럼.[11]

예민한 감수성 때문에 곧잘 울음을 터트리는 존을, 교사를 비롯한 학생 누구도 보이지 않는 듯 무시하고, 심지어 보더라도 "감염률이 매우 높은 병균이라도 바라보는 듯한 눈"(9쪽)으로 대한다. 그리고 "교실 안이 감염된 듯한 분위기"(9쪽)가 되고 만다. 단체 생활에 적응하지 못하는 사람을 병균 취급하고, 존재하지만 존재하지 않는 듯 배제하는 수업 중 풍경을 통해 이 작품은 학교, 나아가 이 세계가 잔혹한 곳임을 암시한다. 주인공인 지니 자신도 경우는 다르지만, 학교라는 공간에 길들여지지 않는 '부적응자'이고 스

11_崔實, 「ジニのパズル」, 『群像』 第71巻 第6号, 講談社, 2016年 6月, 8쪽. 이하 작품 인용은 괄호 안에 쪽수만 표기함.

스로도 적응하려 들지 않는다. 지니는 곧잘 수업을 빼먹고 하루 종일 헤드폰으로 음악을 들으면서 사물함이 있는 복도에 주저앉아 오가는 학생들의 신발을 바라보면서 시간을 보내곤 한다. 그런 그녀를 향해 교장인 미스터 워커는 이대로 태도를 고치지 않으면 퇴학이라는 선고를 내린다.

지니는 학교에서는 마기라는 청각장애자 친구 외에 친한 사람이 없지만, 그녀가 홈스테이하는 집주인 아주머니 스테파니와는 유일하게 마음을 열고 대화한다. 스테파니는 이 지역에서는 유명한, 이름만이 아니라 얼굴까지 알려진 그림책 작가인데, 그녀는 작품이 일단락된다든가 해서 시간이 날 때는 차로 지니를 데리고 근방의 자연경관을 보러 다닌다. 일 년 내내 눈이 쌓여 있는 마운틴 후드, 동굴이 드러난 해변, 멀트노마 폭포, 콜롬비아 리버 등을 보러 다니면서 지니는 "스테파니와 이야기 하고 있으면, 신기하게 매우 마음이 안정되었고"(21쪽), 그녀와 같이 있을 때의 침묵조차도 "바람을 맞는 것과 비슷할 정도로 상쾌"(19쪽)함을 느낀다. 일상과 여행을 통해 스테파니와 교감을 나눈 지니는 언젠가 스테파니가 써놓은 낙서 속 문구를 떠올린다.

> 스테파니의 집에서는 작업실뿐만 아니라, 온갖 장소에 어중간하게 뭉쳐진 종이가 굴러다니고 있었다. 떠오른 아이디어나 그림을 우선 종이에 적어 두고, 그대로 잊어버리는 버릇이 있는 듯해서, 고릴라라든가 지성이 높은 동물을 그린 듯한 해독 곤란한 그림이랑, 노스트라다무스의 예언 같은 문장이 여기저기에 떨어져 있었다. 맨 처음 주운 종이에는 이렇게 문자가 쓰여 있었다――"하늘이 떨어져 내린다. 어디로 도망칠 거냐?" (…) 나는 답을 찾지 않고는 견딜 수 없었다.(18쪽)

평소 그 답을 궁금해하던 지니는 멀트노마 폭포를 보러 간 자리에서 그

답을 스테파니에게 물어보고, 그녀에게서 "상대는 하늘이야. 도망갈 곳 따윈 없어. 그때에는 하늘을 받아들여야지. 도망쳐서는 안 돼"(26쪽)라는 답을 듣는다. 그 자리에서 스테파니도 평소 "슬픈 눈"을 하고 있는 지니에게 과거에 무슨 일이 있었는지 조심스레 묻고, 지니는 "그건——굉장히 작고, 굉장히 큰 일"(25쪽)이었다고 대답한다. 지니는 스테파니와의 만남을 계기로 지금까지 누구에게도 털어놓지 않았던, "인생의 톱니바퀴가 어긋나기 시작했던"(27쪽) 5년 전의 도쿄에서의 일을 고백하기 시작한다. 작품의 구성은 이 지점에서 5년 전으로 돌아가 중학교 1학년 지니에게 일어났던 이야기, '나의 이야기'가 시작되는 체재를 취하고 있다.

일본 아이들과 마찬가지로 일본의 소학교를 졸업한 지니는 부모의 권유와 더불어 그것이 '자연스럽고' 바른 선택이라는 인식하에 중학교는 도쿄 쥬조(十条)에 있는 조선학교에 입학한다.[12] 1998년 4월, 학교의 체육관에서 거행된 입학식에서 처음으로 검은 치마저고리를 입고 출석한 지니의 눈에 들어온 것은 다음과 같은 이상한 광경이었다.

> 김일성과 김정일은 자랑스럽다는 듯 미소 짓고 있었다. 큰 무대의 새빨간 커튼이 열려 있고, 거기에 그들의 거대한 초상화가 있었다. 일본학교에서 전교해 온 나에게 그것은 이상한 광경이었다.
>
> 하지만 이제부터 같은 교실에서 긴 시간을 함께 지내게 될 학생들은 아무렇지도 않은 표정으로, 태연히 앉아 있는 듯이 보였다. 마치 나만이 도저히 지울 수 없는 위화감을 품고 있는 듯했다.(27쪽)

12_실제로 도쿄 기타쿠(北区) 쥬조에는 도쿄조선중고급학교가 있어 조선학교가 실제 모델이었음을 알 수 있다.

지니의 이 '위화감'은 이후의 학교생활에서도 이어진다. 초급학교부터 조선학교를 나온 다른 아이들과는 달리 일본학교에서 전교해 온 지니는 그만큼 조선어가 서툴렀고, 이 학교에서 혼자만 조선어='우리말'을 하지 못하는 지니를 위해 담임선생님은 그녀가 조선어를 익힐 때까지 당분간 일본어로 수업을 진행한다.

> 조선학교는 일본어 금지였다. 그런데도 나 한 사람 때문에 수업은 한동안 일본어로 진행하게 되었다. 그건 실로 최악의 학교생활의 시작이었다.(28쪽)

주지하듯이 조선학교는 재일조선인 자녀들을 대상으로 한 민족교육의 장으로 기능한다. 이 민족교육의 핵심에는 '우리말'=조선어 교육이 놓여 있다. 정규 교과과정 내 우리말 교육의 시간이 많은 부분을 차지하는 것은 말할 것도 없고, 비교과 활동인 우리말 경연대회를 통해 학생들 스스로 우리말을 학습하게 한다. 김명준 감독의 영화 〈우리학교〉에서도 이 같은 모습이 담겨 있는데, 이와 관련해 주목되는 사례가 고급부 1학년 때 편입한 오려실 학생의 경우다. 오려실 학생은 지니와 마찬가지로 일본학교에서 조선학교로 전교해 온 실제 사례로서 그녀는 우리말을 익히기 위해 별도의 수업을 듣고 교사와 다른 학생들은 그녀를 위해 일본어로 수업을 진행하고 말을 걸어 주는 등 도움을 준다. 영화 속에서는 그녀가 우리말을 학습하면서 겪게 되는 민족적 정체성의 동요를 보여 주는데, 정작 그녀는 우리말을 학습하면서 조선 사람인 것을 싫어하게 되었고, 일본인 친구들이 "정말로 너는 조선 사람인가"라고 질문을 하면 "아니다"라고 대답하게 되었다고 말한다. 이는 우리말을 제대로 구사하지 못하면 조선 사람이 아니라는 인식에 기초한 것으로, 우리말을 구사하지 못하는 자신이 조선 사람이라는 것은 거짓이라고까지 여기게 되었던 것이다.[13] 그래서 오히려 편입 전 '일본 사람'이었던 것이 좋았다는 인식으로까지 이어지기도 하는데, 오려실 학생의 사례는 언어 앞에서 주체가 분열하는 양상, 언어의 벽이 불문곡직하고 개인의 아이덴티티를 동요시키는 모습을 보여 준다.

지니의 경우도 입학 후부터 급우들로부터 원치 않는 주목을 받는데다 자신 탓으로 일본어 수업을 하게 됨으로써 자신이 모두에게 방해가 되는 존재로 여겨져 많은 부담과 불안감을 갖게 된다. 더구나 수업 외의 학교생활에서는 평소대로 조선어로 대화하는 반 급우들 사이에서 지니는 강한 소외감을 느낀다. 지니가 언어 앞에서 겪게 되는 이중적인 분열상황은 작품 속에서 다음과 같은 에피소드를 통해 단적으로 그려진다. 우리말을 잘 알아듣지도, 말하지도 못하는 지니는 평소 사람이 찾지 않는 음악실에 틀어박혀서 혼자 피아노를 치며 지내는 것을 좋아하는데, 어느 날 예기치 않게 한 남학생이 들어와 지니에게 묻는다.

> "벗을까(脱ぐ)?" 재환이 말했다.
>
> "벗어?" 나는 되물었다.
>
> 재환이 고개를 끄덕였다. 그리고 다시 한 번, 벗을까? 하고 말했다.
>
> ―벗다니 무슨 말인가. 이 녀석 벗고 싶은 건가. 재환은 복싱부다. 근육이라도 내보이며 자랑하고 싶은 걸까. 아니면 나에게 벗으라고 하는 걸까. 이 녀석 바본가.
>
> 나는 한걸음 뒷걸음질쳤다. 한걸음 더 뒤로 물러났다. 재환은 어안이 벙벙한 듯 했고 움직일 기색이 없었다. 지금밖에 없다. 재환을 뿌리치듯 단숨에 문을 향해 달렸다.(32쪽)

13_오태영, 「재일조선인의 역설적 정체성과 사회적 상상」, 『동악어문학』 제67집, 동악어문학회, 2016, 255쪽 참조.

신변의 위협을 느끼고 음악실에서 도망쳐 나온 지니는 하지만 재환이 물어본 "벗을까?"가 실은 조선어인 "누구?"임을 반 친구 니나를 통해 알게 된다. 즉, 일본어 '脱ぐ(누구)'와 조선어 '누구'가 동음어인 데서 기인한 지니의 오해였음이 밝혀지는데, 이 실소를 금할 수 없는 상황은 이중언어의 상태에서 개인이 겪는 혼란을 적나라하게 보여 주고 당사자인 지니에게는 '웃지 못할' 사건이었던 셈이다.

니나와 같이 지니에게 상냥한 친구도 생긴 반면, 평소 "일본학교에서 왔다고 해서 거만한 태도를 보이기 전에, 좀 가르쳐 주지 않으면"(29쪽)이라고 벼르고 있던 윤미는 조선어가 잘 늘지 않는 지니 때문에 일본어로 수업을 계속 하는 건 부당하다면서 다시 조선어로 수업할 것을 건의한다. 지니에 대한 윤미의 반감은 지니라는 한 개인을 제대로 이해하기 전에, 평소 일본사회와 일본인에게 품고 있던 공격성을, 일본식 이름으로 일본학교를 다니다 온 지니에게 투영시킨 선입견과 편견의 결과라고 볼 수 있다. 가령 윤미가 지니에게 "너, 난 절대로 속거나 하지 않아. 너의 본성, 전부에게 보여 주겠어"(35쪽)라며 공격하는 장면 등이 이를 잘 보여 준다. 이에 대해 지니는 자신의 태도를 두 가지의 선택 중에 하나로 정한다.

> 이 일본에서 재일한국인으로 태어나, 일본의 학교에 입학한 날부터 우리들은 필연적으로 두 가지 선택에 직면한다. 그건 대단히 심플하고, 하지만 해내기에는 매우 곤란한 선택이다.
>
> —누구보다도 먼저 어른이 되든가, 아니면 다른 아이들처럼 난폭하게 굴든가.(30쪽)

일본의 소학교에 있을 때는 "먼저 어른이 되는" 쪽을 선택해서 얌전히 지냈던 지니는 조선학교에서는 "난폭하게 구는" 쪽을 택한다. 이는 윤미처럼 자신을 못마땅하게 여기는 급우들 때문만이 아니라, 행진, 교가제창 등 단체행사가 많은 학교생활과 더불어 교실에 공손하게 걸려 있는 김일성, 김정일의 초상화에 일종의 위화감과 거부감을 품었기 때문이다.

> 그날부터 나는 초상화를 풍경의 일부로서 볼 수 없게 되었다. 내가 우익의 차 앞에서 자, 잘못된 것은 무엇일까, 잘못된 곳을 찾아보세요, 하고 말했던 것처럼, 초상화가 나에게 속삭이기 시작했다. 이 경치 속에 잘못된 것이 있다. 너는 그 잘못된 곳을 알겠느냐, 김 일가는 나에게 그렇게 묻기 시작했다.(40쪽)

점점 거칠어지고 '문제아'가 되어 가는 지니이지만, 더 큰 문제는 학교를 벗어난 일본사회에서 찾아오게 된다. 1998년 여름방학의 마지막 날, 북한은 일본 쪽을 향해 대포동 미사일을 발사했고, 미사일은 일본열도를 통과한 후 바다에 떨어진다. 개학일인 다음 날 언론은 북한의 미사일보도 일색이 되었고, 조선학교에서는 학생들에 대한 보복성 공격을 우려하여 학생들에게 치마저고리를 가방 속에 숨기고 체육복으로 통학하도록 연락한다. 학교에도 수도에 독을 넣었다든가, 여학생을 납치해서 알몸으로 만들어 매달겠다는 등의 협박이 쇄도한다. 체육복으로 통학하라는 연락은 여름방학 마지막 날에 있었던 축구부 시합에 전교학생이 응원을 나간 자리에서 통지되었는데, 혼자 응원을 빼먹은 지니는 이 사실을 모르고 개학일에 평소대로 치마저고리 차림으로 집을 나서게 된다.

> 그날, 나는 무사히 쥬조역까지 당도하는 것만을 바라고 있었다. 거기까지 도착하면 일단 안전은 확보할 수 있다. 역 홈에서도 차내에서도 치마저고리를 입은

나에 대한 시선은 매우 차가운 것이어서 언제 매도당하고 얻어맞더라도 이상하지 않다는 긴박한 공기에 둘러싸여 있었다. (…) 누군가가 기침을 한 것만으로 과잉적으로 놀라서 심장이 튀어나와 버릴 듯했다.(45쪽)

인용에서는 소수자로서 일상생활 속에서 느끼는 과도한 긴장이라든가 불안이 첨예화되어 묘사되는데, 학교로 가는 전철 안에서 승객들의 차가운 시선에 부딪힌 지니는 만원 전철에서 내릴 때 누군가의 악의적인 방해로 그만 학교가 있는 쥬조역에서 내리지 못하고 다음 역인 이케부쿠로(池袋)역에서 간신히 내리게 된다. 치마저고리는 일본사회에서 조선인, 조선학교를 넘어 조선총련, 나아가 북한을 상징하는 하나의 기표(signifiant)인 셈이다. 또한 북한이 일본열도를 향해 미사일 발사실험 등을 할 때마다 북한을 대체하는 기표로서 일본 주류사회의 보복과 공격의 대상이 되고 만다. 게다가 치마저고리를 입은 여학생에게 가해지는 주류사회의 폭력이라는 점에서 여기에는 남성으로 환기되는 다수자의 가학성이 한층 그로테스크하게 두드러진다. 이 같은 모습은 작품 속에서는 다음과 같은 장면을 통해 선명하게 그려진다. 다시 쥬조역으로 돌아가야 하지만 지니는 문득 소학교 시절 친구들과 같이 스티커 사진을 찍곤 했던 이케부쿠로 파르코의 게임센터가 그리워져서 그곳으로 향한다. 거기서 경찰이라고 자칭하는 양복차림의 남자 세 명에게 둘러싸인 지니는 게임센터 밖으로 끌려 나와 "조선인이란 더러운 생물이지"(53쪽) 등의 폭언을 들은 데다 성적인 희롱까지 당하고 만다.

남자는 분노를 드러내며 왼손으로 목을 조른 채, 이번에는 반대쪽 손으로 으깨듯이 내 가슴을 움켜쥐었다. 나는 충격을 받은 나머지 대량의 숨을 들이마시고

사레들린 것처럼 기침을 했다. 심한 통증이 일어났다. 남자는 귓전에 징그러운 숨을 내뿜었고 나는 그저 울었다.

이길 수 없다. 이런 썩어빠진 놈에게 나는 이길 수 없는 것이다. 시선 앞에 있는 희미한 빛을 간신히 천장의 불빛이라 인식할 수 있을 뿐으로, 더 이상 아무것도 보이지 않았다. (…) 인형처럼 당하는 채로였다. 남자의 손은 하반신에 이르러 음부에 닿았다. 나는 놀라서, 윽, 하고 소리를 질렀다—그 순간이었다. 남자는 갑자기 손을 떼고, 공이라도 던지듯이 내 머리를 눌러 지면으로 냅다 밀쳤다. 나는 기세 좋게 바닥에 굴렀다. 그 구른 자세 그대로 움직이지 못하고, 나는 소리를 죽여 흐느꼈다.

남자는 아무 일도 없었다는 듯이 슈트의 깃을 바로 하고, 와이셔츠에 먼지라도 붙었다는 듯이 배 주위를 두 번 두드렸다. 이어서 넥타이를 바로잡더니 마지막에 뱉어 버리듯이 말했다.

"빌어먹을. 더러운 걸 만져 버렸네."

남자는 후회하듯이 혀를 차고, 떠났다.(54~55쪽)

이처럼 경찰이라 자칭하는 일본인 남성의 폭력을 통해 표출되는 일본인들의 조선인에 대한 차별의식과 우월감은 실은 제국-식민지 시기에 연원을 두고 형성된 것으로 봐야 한다. 주지하듯이 근대 제국주의는 자신의 정체성을 확립시키기 위해, '타자'를 자신의 반대편에 위치시켜 하나의 짝을 이루는 이분법(Self/Other)적인 인식론을 발전시켰다. 에드워드 사이드가 그의 대표적인 저작인 『오리엔탈리즘』을 통해 서구 제국주의가 어떻게 식민지적 '타자'를 구성했는가를 밝혔듯이, 그 이분법에는 남성/여성, 문화/자연, 문명/야생, 위생/병(불결) 같은 정형화된 도식이 있다. 서구의 오리엔탈리즘을 일본식 오리엔탈리즘으로 전이해서 재생산한 제국 일본[14]은 조선인을 여성, 자연, 야생, 병(불결) 등으로 표상하는 언설을 만들어 냈고, 제국이 해체된 '전후'에도 이 같은 타자 담론을 재일조선인에게 적용하면서 세대를 이어 왜곡된 조선인관을 내면화해 왔다. 특히 핵실험, 미사일 발사, 일본인 납치 문제 등 북한으로부터 '위협'을 느낄 때마다, 일본사회의 공포와 분노, 증오심은 기존의 조선인에 대한 차별의식, 편견, 멸시감 등과 어우러지면서 증폭되었다. 또한 이 증폭된 공격성을 애꿎은 재일조선인에게로 표출하는 악순환이 전개되곤 하는데, 위의 인용에서는 이 같은 정황을 경찰이라는 주류사회의 규율권력이 조선학교의 여학생에게 가하는 잔인한 폭력을 통해 선명하게 보여 주는 것이다.

이날 이후 등교를 거부하고 자신의 방에 틀어박혀 있던 지니는 자신에게 일어난 일을 가족을 비롯해 누구에게도 얘기하지 않고 혼자서 생각을 거듭한다. 그녀의 분노는 일본사회뿐만 아니라 약자인 재일아동의 안전은 안중에도 두지 않고 미사일을 발사해 대는 북한정권, 그리고 그런 아이들을 보호하지도 못하고 맹목적으로 북한정권이 하는 대로 추종하는 재일 어른들을 향해 증폭된다. 이윽고 그녀의 내면은 서서히 '혁명'을 일으킬 것을 결의한다. 지니는 다음과 같이 선언한다.

> 북조선은 미사일을 발사했다. 어른들은 "그건 인공위성이었다"고 발언했다. 하지만 미사일이든, 인공위성이든 그건 우리에게는 어느 쪽이든 같은 결과가 되었을 것이다. 어느 쪽이든 우리들은 교내의 물에 독을 섞어 넣었다고 협박당하고, 그들은 침을 뱉었음에 틀림없다.
>
> 정말로 아이들을 지키고 싶다면, 평화를 위해 싸울 것을 두려워하는 민족이어

14_강상중은 근대 일본의 식민정책학을 오리엔탈리즘의 일본적 재생산의 관점에서 논한 바 있다. 姜尚中, 『オリエンタリズムの彼方へ』, 岩波書店, 1996 참조.

서는 안 된다. 그건 우리들 학생도 마찬가지다. (…) 왜냐하면 일본에 사는 우리는 반항할 수 있는 입장에 있기 때문이다. 주위와 마찬가지로 휩쓸려 살아가는 인간이 되어선 안 된다. 소리를 지를 것, 행동하는 것을 두려워하는 인간이 되어서는 안 된다. 학생 제군이여, 이 상황에서 눈을 돌리지 말고 맞서자.

이번 일로 지금까지 이상으로 북조선에 주목하고 각국에 긴장이 높아지고 있다. 앞으로 한층 더 비판도 늘 것이다. 그렇게 되면 일본에서 가장 위험에 내던져지는 것은 우리들 조선학교에 다니는 어린이, 약자인 우리들 학생이다. 그렇게 되기 전에 실로 지금, 행동에 옮기지 않으면 안 된다.(62~63쪽)

최실은 이 작품을 쓰게 된 계기에 대하여, 최근 연이어 핵실험을 감행하는 북한정권의 움직임에 연동하듯 '재특회'(재일 특권을 용납하지 않는 시민모임)[15]의 헤이트 스피치를 비롯한 일본 극우들의 재일조선인에 대한 위협과 공격이 날로 심해지는 와중에, 그 누구보다 약자인 재일 아동들의 안전과 안위를 생각했고 "지금의 아이들을 위해 자신이 무언가 할 수 있지 않을까" 고민했다고 말한다.[16] 작품 속에서는 주인공 화자의 고백과는 별도로

15_'재특회'는 회장이었던 사쿠라이 마코토(桜井誠)를 중심으로 '재일 한국인·조선인을 비롯한 외국인이 일본에서 부당한 권리를 누리고 있다'고 주장하면서 그 시정을 요구할 목적으로 2006년 12월 2일 창립된 단체다. 이들은 주로 인터넷 게시판을 통해 자신들의 주장에 찬동하는 넷우익(Net右翼)을 규합하면서, 조선학교 무상교육반대, 외국 국적 주민에 대한 생활보호지원금 지급반대, 불법 입국자 추방, 핵무장 추진 등 극우적 슬로건을 내걸고 전국 각지에서 시위와 집회를 통해 배외주의적인 주장을 펼치고 있다. 이들이 주장하는 '재일 특권'이란 역사적 사실 인식의 과장과 왜곡 내지는 곡해에 불과하다. 이규수, 「'재특회(在特會)'의 역사수정주의와 우경화」, 『日本學』 제43집, 동국대학교 문화학술원 일본학연구소, 2016년 11월, 46~47쪽 참조.

16_〈産経ニュース〉 2016년 8월 11일자. (http://www.sankei.com/premium/news/160811/prm1608/prm1608110010-n1.html); 또한 「崔実(チェシル)がデビュー作『ジニのパズル』に込めた作家としての決意表明」, 『本』 2016년 8월호 참조.

지니가 태어나기도 전에 귀국사업으로 북한으로 '귀국'한 지니의 할아버지가 일본에 남아 있는 가족(지니의 어머니)에게 보내는 편지가 군데군데 삽입되어 있는데, 첫 편지에서는 "북조선은 매우 살기가 좋은 나라다." "이쪽에 와서 정말 정답이었다고 생각해. 점점 발전해 가고 있어"(30쪽)라고 쓰고 있지만, 몇 년이 지난 다음 편지에서는 "이제 여기에서는 나갈 수 없을 것 같다." "아빠 일은 잊어버려라"(41쪽)같이 북한에서의 생활이 당초 예상했던 것과는 달리 절망적인 것임을 암시한다. 그리고 오랜 시간이 지나 그 할아버지가 병원에도 가지 못하는 극빈의 상태에서 죽었음을 북한의 가족이 보낸 편지를 통해 알게 된다. 이 같은 구성을 통해 작가는 귀국사업으로 새로운 조국건설과 지상낙원을 꿈꾸며 건너간 재일조선인의 대다수가 북한에서 극심한 노동과 가난에 시달리다 죽어 갔음을 비판적으로 보여 준다. '천국의 할아버지에게'라고 이름 붙은 장에서 지니는 한 번도 만날 수 없었던 할아버지를 향해 속마음을 털어놓는다.

조선학교에 다니고 있는데 어째서 지금 현재의 북조선에게서 눈을 돌리는 걸까. 학교와 정치는 관계없다는 말을 들었다. 그렇다면 어째서 정치적인 것이 교내에 있어? 감사의 기분을 나타내고 있는 것이라니 그런 이유가 있는가. 감사하고 있는 사람만 속으로 좋을 대로 감사하고, 아이들을 위해 (초상화를) 떼어 내면 좋지 않은가. 어른이란 교활해.

아이를 상대로 협박해 오는 일본인도, 아이들이 희생되어도 변하지 않는 학교의 선생님들도, 매우 간단히 사람의 목숨을 빼앗는 빌어먹을 김 독재자도, 모두 모두 엿이나 처먹어라. 할아버지, 난 절대로 외면하지 않을 거야. 외면할까보냐. 만난 적이 없어도 피가 연결된 가족이 북조선에 있어. 그러니까 할아버지, 난 절대로 외면하고 싶지 않아. 모두를 적으로 돌리더라도 외면하고 싶지 않아요.(71쪽)

지니의 혁명은 바로 교실에 공손하게 걸려 있는, 그 앞에서는 마치 배례하듯이 공부해야 하는, 어떤 비난도 금기시되는 김일성, 김정일 초상화를 떼어내서 밖으로 내던져 버리는 일이었다. 3주 만에 학교에 등교한 지니는 기회를 봐서 미리 몇 백 장이나 복사해 둔 자신의 성명문을 뿌리고는 자신의 '혁명'을 행동으로 옮긴다.

> 나는 그렇게 말하고 초상화를 단숨에 떨어뜨렸다. 비명이 일어났다. 초상화는 정확히 교탁 모서리에 부딪혔다. 유리판이 깨지고 파편이 바닥으로 튀었다. 김정일은 마침내 맨몸의 모습이 되었다. 그리고 문제를 알았느냐, 나에게 그리 속삭였다. 교실 입구에는 단숨에 군중이 생겼다. 그 모두가 숨을 삼키고 있다.
>
> "무슨 소동이냐." 로리콘 교사의 목소리가 들렸다. 시간이 없다.
>
> "북조선은——" 나는 소리를 질렀다.
>
> "김 정권의 것이 아니다. 우리들은 살인자의 학생이 아니다. 초상화는 즉시 배제한다. 북조선의 국기를 탈환하자!" 정신을 차리니 그렇게 부르짖고 있었다.(69쪽)

지니는 자신에게는 혁명의 시작이었던 이 행동이, 하지만 결과적으로 니나를 비롯한 급우들에게 큰 상처를 주었음을 깨닫게 된다. 그리고 이 일로 정신병원에 들어가게 된 지니는 더 이상 '혁명'을 일으키지 않는다. 처음이자 마지막 혁명이었던 셈이다. 이후 작품 속 서사는 다시 오리건 주의 현 시점으로 되돌아오고, 그사이 도쿄→하와이 주(가톨릭 고교로 유학했으나 퇴학당함)→오리건 주(현재 다니는 고교에서도 퇴학 처분을 받기 직전)로 이어지는 여정은 지니라는 존재의 불안정성과 유동성을 압축적으로 보여 준다. 하지만 이 같은 지니의 방황과 아이덴티티의 불안은 작품의 마지막에 스테파니와의 대화를 통해 극적으로 봉합된다.

"사람은 누구라도, 반드시 빛난단다. 누구보다도 빛나 보이는 순간은 모두에게 있어. 너에게도 말이야. 그리고 그 순간은 와야만 해. 너가 노력해서 끌어와야 하는 거야. 다시 그림자가 되기 위해서가 아니야. 도망쳐선 안 돼. 도망치면 그걸로 끝인 거야. 한번 도망치면 버릇이 되어서 앞으로도 틀림없이 도망가게 돼."

"하지만 나에게는 과거가 달라붙어 있어요. 그거야말로 도망칠 곳이 없는 과거예요."

"그래. 과거를 바꿀 수는 없어. 그러니까 받아들일 수밖에 없는 거야, 지니."(77쪽)

최실의 약력을 보면, 1985년에 재일한국인 3세로 태어나 일본의 소학교를 나온 후에, 조선학교에서 중학교를 졸업했고, 미국으로 유학을 해서 고등학교를 졸업했다. 이후 배우를 지망해서 일본으로 돌아와 영화학교에 입학한 뒤 각본이나 그림책을 써온 것으로 되어 있다.[17] 즉 작품 속에서 도쿄, 하와이 주, 오리건 주로 이어지는 지니의 여정에는 작가 본인의 경력이 투영되었음을 알 수 있다. 또한 여러 곳을 거치면서 외국에서 자신의 과거를 다시 응시하고 아이덴티티를 정립하는 지니의 조형에는, 작가 본인의 그것과 반드시 일치한다고 볼 순 없겠지만 어느 정도 자전적인 요소가 녹아들어간 픽션으로 이해할 수 있겠다. 최실 본인이 이 작품에 대해 30세를 앞두고 자신의 지금까지의 인생을 총결산하고 싶은 마음에 썼다고 했고,[18] "이 소설 덕분에 여러 연대의 최실과 다시 만날 수가 있었다. (…) 저는 작

17_「崔実さんインタビュー」(http://bookshorts.jp/chesiru), 〈YOMIURI ONLINE〉 2016년 7월 19일자; 「崔実(チェシル)がデビュー作『ジニのパズル』に込めた作家としての決意表明」. 〈産経ニュース〉 2016년 8월 11일자 참조.

18_「崔実さんインタビュー」(http://bookshorts.jp/chesiru), 〈YOMIURI ONLINE〉 2016년 7월 19일자.

은 최실을 오로지 쫓으면서 썼을 뿐이다"라고 말한다.[19] 또한 최실이 이 작품으로 등단하기 전에 그림책을 썼다는 데서 알 수 있듯이, 지니를 있는 그대로 따뜻하게 받아주는 그림책 작가 스테파니의 조형에도 작가 자신의 경험과 의도가 들어갔음을 유추해 볼 수 있다. 최실은 인터뷰에서 작품 마지막에 지니에게 '구원'을 주고 싶었고, 자신의 존재를 있는 그대로 받아 주는 '어른'을 만나게 해주고 싶었다고 말한다.

> 자신이 고등학생일 때에 어른이 어떤 말을 걸어 주기를 바랐던가, 어떻게 받아 주기를 바랐던가를 생각했더니, 스테파니와 같은 존재가 떠올랐습니다. 청춘 시절에 자신이 어떤 짓을 저질러 버렸다 하더라도 그녀처럼 그득히 받아 주는 어른과 만날 수 있었다면 자신을 용서할 수 있었을 것이라고. (…) 저는 만날 수 없었지만, 지니에게는 만나게 해주려고 생각했습니다.[20]

즉 스테파니라는 인물에는 작가 자신의 바람을 투영한 '어른'의 조형이 있었고, 지니는 자신을 있는 그대로 받아 주고 이해해 주는 스테파니를 통해 궁극적으로 자신을 용서하고 '구원'받게 된 것이다. 그 구원의 순간을 「지니의 퍼즐」의 마지막 장면은 다음과 같이 그리고 있다.

> "――받아들인다, 하늘을, 받아들인다"
>
> 그렇게 말로 해버리자 댐이 무너진 것처럼 눈물이 왈칵 밀려왔다. 나는 머리

19_「崔実(チェシル)がデビュー作『ジニのパズル』に込めた作家としての決意表明」, 『本』 2016년 8월호.

20_「崔実さんインタビュー」(http://bookshorts.jp/chesiru), 〈YOMIURI ONLINE〉 2016년 7월 19일자.

에 씌웠던 타월에 얼굴을 묻고 아기처럼 소리를 지르며 울었다.

어쩌면 난 기다리고 있었을지도 모른다. 언젠가, 누군가가 나를 용서해 줄 날을. 떨어져 오는 하늘을, 그것이, 어떤 하늘이든, 용서하고, 받아들여 줄 것을, 누군가에게, 괜찮아, 하고, 그걸로 괜찮아, 하고, 인정받을 수 있는 날을 쭉 기다리고 있었을지도 모른다.

스테파니는 양팔로 감싸듯이 나를 껴안아 주었다. 그 팔 안에 몸을 맡기듯 기대자, 어디까지나 계속될 끝이 보이지 않았던 긴 여행을 끝내고 겨우 집에 당도한 듯한, 그런 기분이 되었다.(77쪽)

군조신인문학상 수상소감에서 최실은 "이 작품을 쓰기 전, 누군가의 비명이 들려오고 있었다. '여기에서 내보내 줘. 부탁이야. 숨을 쉴 수 없어'라고, 목소리의 주인은 그렇게 외치고 있었다. 마지막에는 외칠 뿐만 아니라, 두개골을 쪼개려고 뇌수의 경막(硬膜)을 두드리기 시작했다. '식도를 타고 혈관 속에 침입해 네 심장을 먹어 주겠다'고 그녀는 나를 위협했다. 나는 쓰기 시작했다. 꺼내 줄 테니까, 조용히 해줘, 라고 바라면서"[21]라는 인상적인 말을 썼다. 여기에는 이 작품을 쓸 당시의 저자의 내면풍경이 드러나 있고, 그만큼 '말해야만 하는' 어떤 절박함이 담겨 있다. 최실은 자신의 어린 시절을 바탕으로 북일관계가 악화될 때마다 일본사회의 위협에 방치되는 재일아동의 안위와 안전을 생각하며 이 작품을 썼다고 했다. 더 나아가 작품에서는 자신을 있는 그대로 받아주고 인정해 주는 어른의 조형을 통해 지니의 유동적이고 불안정한 아이덴티티의 퍼즐이 맞춰졌음을, 완성되었음을 주제적으로 형상화하고 있다. 아이덴티티의 어원이 유대인 프로이트로부

21_「第五十九回 群像新人文學賞發表 受賞のことば」, 『群像』 第71巻 第6号, 講談社, 2016年 6月, 79쪽.

터 시작하여 미국에 이주한 유대인 에릭슨에 의해 개념화된 사실에서도 짐작할 수 있듯이, 아이덴티티론의 주체는 소수민족의 피압박체험이라든가 이주 또는 이민에 의한 타민족과의 만남에서 자민족을 의식하게 되고 따라서 결국 자기 자신의 아이덴티티의 관심으로 건너가는 것이다.[22] 「지니의 퍼즐」에서는 소수자의 상처와 아이덴티티도 결국 다른 사람과의 만남과 교류를 통해 치유되고 안정되는 것임을, 지니와 스테파니와의 관계를 통해 그려 내고 있고, 지니는 이제 자신의 '집'=아이덴티티의 거처에 '당도'했음을 결론적으로 형상화한다.

그렇다면 이 작품에 대한 일본문단의 반응은 어떠했는가. 다음은 「지니의 퍼즐」에 대한 군조신인문학상 선정위원들의 심사평을 살피면서 선정의도와 그들이 신인 재일한국인작가에게 무엇을 요구하고 있는지 등의 문제를 파악하고자 한다. 그리고 문학계에서의 다문화를 추구하고자 하는 선정위원들의 의도와는 어긋나는, 현대 일본사회가 표방하는 '다문화주의'의 내실을 대비적으로 논의하고자 한다.

3. "초(超)신인의 출현!"
:「지니의 퍼즐」에 대한 선정위원 심사평과 '다문화주의'의 내실

제59회 군조신인문학상 최종후보에 오른 총 6편의 작품 중에서 「지니의 퍼즐」은 5명의 선정위원들의 만장일치로 수상작이 되었다고 하는데, 심

22_박아청, 『ERIKSON 아이덴티티 論』, 교육과학사, 1988, 48쪽.

사평에서 우선 아오야마 나나에(青山七恵)는 이 소설이 지닌 "압도적인 파워와 묘사되는 일상의 세부에 깃든 섬세한 빛남"에 주목하면서, 무엇보다도 주인공 지니에게 "위태로울 정도의 생명력이 깃들어 있음"을 평가한다.[23] 외부에서는 보이기 힘든 특수한 언어공간인 조선학교를 리얼하게 묘사하면서, 스스로 움켜잡은 사상만을 무기로 삼아 체제의 기만 앞에 무모하게 부서져 가는 미숙한 인물을 조형한 작가의 용감함을 높게 평가하고 있다. 즉 아오야마 나나에는 이 작품이 생명력 넘치는 박력을 지니고 있으며 신인상에 어울리는 패기를 보인다는 점을 높이 사고 있는 것이다.

이어서 다카하시 겐이치로(高橋源一郎)는 이 작품을 "경계의 이야기" "경계를 살아가는 이야기"로 평가하면서, 일본어와 조선어, 북과 남, 일본과 미국 사이에서 찢기면서 살아가는 지니의 조형을 "'지니' 개인의 문제가 아니라 우리들도 또한 무언가에 찢기면서 살아갈 수밖에 없다"[24]고, 인간 존재의 보편적인 문제로서 강조한다.

다음으로 다와다 요코(多和田葉子)는 "단일언어, 단일민족의 '일본'이 존재한다는 환상에 푹 잠겨서 안심해서 쓰고 있는 소설이 많은 와중에, 이 소설은 언제 폭력에 방치될지 모르는 자만이 아는 긴장감에 가득 차 있다. 그것은 주인공 박지니의 성장과정이 특수하기 때문이 아니라, 사회 그 자체가 잠재적인 폭력 위에 성립해 있기 때문일 것이다"[25]라고 해석한다. 즉 동질 균일이라는 환상을 폭력적으로 지키려 하는 일본사회의 작태를 비판하면서도, 재일한국인 소녀의 체험을 특수한 것이 아니라 일본사회 그 자

23_青山七恵, 「選評」, 『群像』 第71巻 第6号, 講談社, 2016年 6月, 81쪽.
24_高橋源一郎, 「選評」, 『群像』 第71巻 第6号, 講談社, 2016年 6月, 83쪽.
25_多和田葉子, 「選評」, 『群像』 第71巻 第6号, 講談社, 2016年 6月, 83쪽.

체의 구조적인 문제로 보는 것이다. 여기에서 주목하고 싶은 것은 "단일언어, 단일민족의 '일본'이 존재한다는 환상에 푹 잠겨서 안심해서 쓰고 있는 소설"에 대한 선정위원의 비판적인 지적이다. 신진 작가를 발굴하는 문학상에서 선정위원의 심사평 경향은 등단을 앞두거나 '중앙문단'으로의 진출을 꿈꾸는 신인 작가들에게 창작의 방향을 제시하는 강력한 담론으로서 영향을 끼치게 되고, 소설 창작에 대한 패러다임의 변화를 가져오기 마련이다. 다와다 요코는 심사평을 통해 단일언어, 단일민족이라는 '환상'을 깨고 소설 창작에서 '다문화'를 체현하는 일이 중요하다는 사실을 넌지시 알리고 있고, 이 같은 심사평은 신진 작가들에게 창작의 방향과 경향을 좌우하는 영향을 끼칠 수 있다.

"초신인의 출현!" "굉장한 재능이 드래건같이 출현했다!"라고 극찬을 한 쓰지하라 노보루는 이 작품을 "한 소녀에게 닥치는 강렬하고 가혹한 시련과, 모험과 편력, 구제의 이야기"[26]라고 정리한다. 하지만 쓰지하라 노보루가 이 작품의 작품성을 높게 평가한다 하더라도, 애당초 일본사회가 마이너리티에게 가하는 차별과 폭력의 문제를 한 개인이 성장과정에서 겪는 모험담과 같이 해석하는 관점에는 문제가 있다. "지니는 마침내 드래건을 찾아낸다. 하지만 그것을 발견하는 것은 스스로의 정신 속에서다"[27] 같은 기술을 통해 알 수 있듯이, 재일한국인을 둘러싼 역사적인 배경과 사회구조적인 문제를 도외시하고 한 개인의 아이덴티티의 봉합과정으로서만 치부하는 기술 등은 소수자를 바라보는 다수자의 방관자적인 태도라고 하지 않을 수 없다.

26_辻原登, 「選評」, 『群像』 第71巻 第6号, 講談社, 2016年 6月, 84쪽.
27_辻原登, 「選評」, 『群像』 第71巻 第6号, 講談社, 2016年 6月, 86쪽.

마찬가지로 "걸작 나타나다"라고 극찬한 노자키 간(野崎歓)은 지니의 고백이 "놀라움과 충격으로 가득 차 있다"라고 평하면서 그것은 "너무나 비통한 생생함을 띠고 있기" 때문이라고 해석한다.[28] 이같이 작품 내용의 '생생함'에 주목하는 평가는 어쩌면 그만큼 일본인은 재일이 일상적으로 받는 차별과 폭력에 무관심, 무감각하다는 사실의 반증일지도 모르겠다. 노자키 간의 심사평에서 주목하고 싶은 부분은 그가 "선정위원으로서 꿈꾸는 것은 단 하나, 이것만큼은 세상에 내보내고 싶다고 생각하지 않을 수 없는 작품의 등장에 입회하는 일"[29]이라고 선정위원으로서의 바람을 표명하면서, 이 「지니의 퍼즐」이야말로 "어떻게 해서든 세상에 내보내야만 하는 작품이라고 확신했다"[30]라고 기술하고 있는 점이다. 이 같은 소감은 작품 자체가 지닌 우수성뿐만 아니라, 유명 문학상의 선정위원이 문학상이라는 제도권 안에 어떠한 작품을 현대 일본문학의 자장 속으로 포섭해 가고자 하는지를 시사한다. 그가 이 작품을 "참으로 독자를 고무하고, 현대를 다시 생각하게 해주는 힘을 지닌 걸작의 출현"[31]이라고 평가하고 있는 것을 통해서도 이 생생하고 강렬한 작품이 일본의 독서시장에 활기를 불어넣으면서 현대 문학계에서의 '다문화'를 체현해 주기를 기대하고 있음을 짐작케 한다. 아오야마 나나에 또한 최실에게 "앞으로도 두려워하지 않고, 크게 만용을 떨쳐 주었으면 한다"[32]라고 비슷한 맥락에서 기대하고 있다.

하지만 작품 속 지니 개인의 아이덴티티의 퍼즐은 맞춰졌다고 하더라

28_野崎歓, 「選評」, 『群像』 第71巻 第6号, 講談社, 2016年 6月, 87쪽.
29_野崎歓, 「選評」, 『群像』 第71巻 第6号, 講談社, 2016年 6月, 86쪽.
30_野崎歓, 「選評」, 『群像』 第71巻 第6号, 講談社, 2016年 6月, 87쪽.
31_野崎歓, 「選評」, 『群像』 第71巻 第6号, 講談社, 2016年 6月, 87쪽.
32_青山七恵, 「選評」, 『群像』 第71巻 第6号, 講談社, 2016年 6月, 81쪽.

도, 이를 일본사회에서 현재 살아가는 재일의 상황과 비추어 볼 때 과연 합당한 결론이라고 평가할 수 있겠는가. 그리고 이 작품을 문학상 제도라는 공공권에 포섭함으로써 문학계에서의 다문화주의를 체현하고자 하는 선정 위원들의 의도를 어떻게 이해해야 할 것인가. 2000년대 이후 '재특회' 현상으로 대표되는 일본사회의 우경화 현상은 네오내셔널리즘이 보수우파 정치인 집단 사이에서만이 아니라 일반 민간인 차원에서도 확대 강화되고 있다는 것을 보여 주는 사례이며, 그들이 유포하는 혐한·배외주의는 사회적으로 영향력을 발휘하여 정치적으로도 활용될 가능성이 높다.[33] 동시에 '재특회'의 시위 양상은 가령 2009년 12월 4일 교토(京都) 조선 제1초급학교에 들이닥쳐 "조선학교를 부수라!"라고 외치며 교문 앞에서 난폭한 가두집회를 감행한 것을 비롯해, 물리적 충돌 사태를 일으킬 정도로 한층 과격해지고 있다.

일본정부가 2000년대에 들어서면서부터 외국인은 일시적 존재라는 인식에서 벗어나 '다문화공생'을 위한 조건정비에 나섰다고는 하나, 2008년 당시 집권여당이었던 자민당이 표방한 '일본형 이민국가'는 여전히 외국인을 고도인재와 단순노동자라는 이분법적 기준으로 분류하고 있을 뿐만 아니라, 기존의 외국인노동자 정책의 특징인 차별적 포섭과 배제의 틀을 보다 강화하고 있다. 결국 자민당이 생각하는 '일본형 이민국가'란 역설적으로 국민국가적 인식과 외국인에 대한 종래의 보수적인 관점이 그대로 투영된 것이라고 할 수 있다. '일본형 이민국가'는 이민에 대해 쇄국적이었던 일본을 개국하자는 것이 아니라, 고학력자, 숙련노동자, 부자 같은 외국인 인

33_이규수, 「'재특회(在特會)'의 역사수정주의와 우경화」, 『日本學』 제43집, 동국대학교 문화학술원 일본학연구소, 2016년 11월, 49쪽.

재만을 선별적으로 받아들여 이들을 '새로운 일본 국민'으로 만들겠다는 발상인 것이다.[34]

여기서 한 가지 실례를 들어 보고자 한다. 2005년 1월 26일, 일본에서는 한 재일한국인이 도쿄도를 상대로 일으킨 소송에 대한 최고재판소(한국의 헌법재판소에 해당)의 최종판결이 내려졌다. 도쿄도 직원이자 보건원인 정향균(鄭香均) 씨는 1994년에 과장급 이상의 승진자격을 따기 위해 관리직 선고시험을 신청했는데, 도쿄도는 외국적을 이유로 관리직의 수험을 거부했다. 이에 정향균 씨는 일본국 헌법이 보장하고 있는 법 아래의 평등에 어긋난다고 해서 제소한 것이다. 최고재판소 대법정은 "중요한 결정권을 갖는 관리직에의 외국인의 취임은 일본의 법체계하에서 상정되어 있지 않고, 헌법에 위반되지 않는다"[35]는 판단을 보이며 원고 측의 패소를 확정했다. 이 최종판결은 1997년에 도쿄 고등재판소가 외국인이라고 해서 일률적으로 관리직의 수험을 거부한 도쿄도의 대응은 위헌이라고 판단, 도쿄도에 40만 엔의 지불을 명령한 2심 판결을 파기한 것이기도 하다. 이 정향균 씨의 소송 과정과 판결에 대해서는 우선 외국인의 인권과 권리가 일본국 헌법하에서 어디까지 보장되는가를 논하기에 앞서, 역사적 경위를 짊어지고 일본사회에서 살아온 '특별영주권자'의 경우, 과연 외국적이라는 이유만으로 단순히 '외국인'이라는 범주에 넣어서 배제할 수 있는가라는 의문이 든다. 그다음으로 지적할 수 있는 것은 현대 일본사회의 외국인 수용이라는 문제다. 즉 "중요한 결정권을 갖는 관리직에의 외국인의 취임은 일본의

34_정미애, 「일본의 단일민족국가관에서 다문화공생으로의 인식변화와 다문화공생의 거버넌스」, 『한국정치학회보』 제45집 제4호, 한국정치학회, 2011, 250~251쪽 참조.

35_『朝日新聞』 2005년 1월 27일자.

법체계 하에서 상정되어 있지 않다"라고 하는 최고재판소의 판단은, 외국인은 필요하기 때문에 동원은 하지만 법체계하에서 일본인과 같은 권한, 권리는 부여하지 않는다는 이중의 기준이 재현되고 있음을 가리킨다.

이처럼 제도적 정치권을 포함한 일본사회의 본질적인 문제는 변하고 있지 않기 때문에 일본사회가 표방하는 '다문화주의' 또는 '다문화사회'는 일본인을 정점에 둔 민족적 위계에 기반을 두고서 외국인을 차별적으로 배제·포섭하는 이중 기준이 작용하고 있다고 봐야 할 것이다. 이 같은 내실을 염두에 둘 때 일본사회는 '다문화주의'를 체현하는 사회라고 보기 힘들고, 이때 '다문화주의' 또한 실은 외국인 노동자를 일본사회의 말단에 매끄럽게 받아들이기 위한 정치적 이데올로기라고 하지 않을 수 없다. 이 같은 현실 정치와 제도의 근본적인 변화가 수반되지 않은 상태에서, 문학상 제도가 아무리 다양한 국적, 민족의 '일본어 문학'을 통해 문학계에서의 '다문화주의'를 추구한다 한들 거기에는 한계가 있다고 생각한다. 오히려 현대 일본문학의 공공권을 구상/상상/표상하는 과정에서, '일본어 문학'을 통해 다양한 국적과 민족의 문학을 자의적으로 제도권 내에 포섭하고자 하는 것은 아닌지 앞으로도 계속 지켜보아야 할 것이다.

이 글은 근래 일본의 문학계에서 이른바 트랜스내셔널 문학 또는 월경문학 등이 주목받으면서 외국 출신 작가의 일본어 문학이 유명 문학상에 선정되는 현상에 대해 언급하면서 논의를 시작했다. 이 같은 외국적 작가의 일본어 문학은 문학계에서의 다문화와 다양성을 체현한다고 해서 긍정적으로 평가되고, 이에 따라 문학상의 선정위원들이 이 같은 작품을 현대 일본문학의 제도적 권역에 포섭하려는 시도도 볼 수 있었다. 그리고 이 같은 현상은 '다문화'가 본격적으로 일본사회의 화두로 등장하게 된 2000년대 이후의 사회분위기와 연동하는 측면이 있음을 지적했다. 하지만 지금까지 살펴본 바와 같이 일본정부가 정책적인 차원에서 표방하는 다문화주의, 다문화공생은 일본인을 정점에 두고 재일외국인을 차별적으로 배제·포섭하려는 위계에 기반을 둔 이데올로기임을 알 수 있다. 현실 정치와 제도의 근원적인 변화가 수반되지 않는 상태에서, 오히려 넷우익과 재특회를 비롯한 극우세력들의 재일외국인에 대한 배외주의는 현재 날로 심화, 격화되고 있으며 진정한 의미에서의 다문화는 아직 요원하기만 하다.

한편 이 글에서 논의한 「지니의 퍼즐」은 어느 재일한국인 소녀의 체험을 통해 일본사회의 배외주의와 폭력성을 비판적으로 그려 내면서도, 주인공이 일본을 벗어난 장소에서 자신의 상처를 치유하고 '구원'을 얻는 모습을 형상화하고 있다. 이처럼 이 작품의 결말은 주인공 개인의 유동적이고 불안정한 아이덴티티의 퍼즐이 맞춰지고 완성되었음을 주제화하고 있지만, 한 개인의 내면을 넘어선 현실 일본사회에서 재일외국인에 대한 구조적인 차별과 배제의 기제는 근원적으로 바뀌지 않았고 여전히 온존하고 있음도 사실이다. 이 같은 문맥에서 이 작품은 궁극적으로는 일본사회가 표방하는 다문화주의/사회/공생이란 것의 허상을 역설적으로 드러내고 보여주는 작품이라고 결론 내릴 수 있다.

참고문헌

국내 자료

학술지 논문 및 학위논문

기유정, 「민족국가중심론 비판과 제국연구를 위한 시론적 고찰—『綠旗』(錄人) 속 모리타 요시오(森田芳夫)의 국체론과 정체성 분석을 중심으로」, 『재조일본인의 사회사』, 동국대학교 문화학술원 일본학연구소 제46회 국제학술심포지엄 발표집, 동국대학교 문화학술원 일본학연구소, 2012.

나리타 류이치, 「'고향'이라는 이야기·再說—20세기 후반의 '고향'과 관련하여」, 『한국문학연구』 제30집, 동국대학교 문화학술원 한국문학연구소, 2006.

박광현, 「'재조선(在朝鮮)' 일본인 지식 사회 연구—1930년대의 인문학계를 중심으로」, 『일본학연구』 제19집, 단국대학교 일본연구소, 2006.

박광현, 「'전후'와 '센고戰後'—식민지 역사에 관한 기억/망각」, 『국제언어문학』 제10호, 국제언어문학회, 2004.

박광현, 「유아사 가쓰에 문학에 나타난 식민2세의 조선」, 『日本學報』 제61집 2권, 한국일본학회, 2004.

박광현, 「재일문학의 2세대론을 넘어서—'역사화와 영역화'에 대한 비판을 중심으로」, 『日語日文學硏究』 第53輯 2卷, 한국일어일문학회, 2005.

朴裕河, 「後藤明生『夢かたり』論—内破する植民主義」, 『日本學報』 제86집, 한국일본학회, 2011.

朴裕河, 「後藤明生『夢かたり』—植民地的身體の戰後の日々」, 『日本學報』 제90집, 한국일본학회, 2012.

서동주, 「근대의 문학·문학의 근대 —창간 직후 '근대문학파'를 중심으로」, 『한국일어일문학회 2011년도 하계국제학술대회 발표논문집』, 한국일어일문학회.

신승모, 「'외지문학'에 나타난 신(信)과 불신(不信)—야기 요시노리의 「류꽝후」와 오비 쥬조의 「등반」을 중심으로」, 『日本學硏究』 제27집, 단국대학교 일본연구소, 2009.

신승모, 「식민지 조선의 일본인 교사가 산출한 문학」, 『한국문학연구』 제38집, 동국대학교 문화학술원 한국문학연구소, 2010.

신승모, 「'인양(引揚)' 후의 유아사 가쓰에 론— 연속해 가는 혼효성(混淆性)」, 『日語日文學硏究

』第71輯2卷, 韓國日語日文學會, 2009.

신승모, 「제국 일본의 문학상과 그 공공권(公共圈) 범위의 모색—아쿠타가와상을 중심으로」, 『日本語文學』 제64집, 한국일본어문학회, 2015.

신승모, 「문학상 제도의 조선 이식과 전개과정」, 『日本學』 제41집, 동국대학교 문화학술원 일본학연구소, 2015.

辛承模, 「湯淺克衛文學における「移民小說」の変容」, 『일어일문학연구』 제67집 2권, 한국일어일문학회, 2008.

안천, 「일본 전후 문학담론과 아시아적 시각— 역사적 상상력과 자본주의적 상상력」, 『창작과비평』 154, 창비, 2011 겨울.

오미정, 「고바야시 마사루의 「포드·1927년」론—중개는 가능한가?」, 『日語日文學硏究』 第78輯 2卷, 한국일어일문학회, 2011.

오태영, 「재일조선인의 역설적 정체성과 사회적 상상」, 『동악어문학』 제67집, 동악어문학회, 2016.

이규수, 「'재특회(在特會)'의 역사수정주의와 우경화」, 『日本學』 제43집, 동국대학교 문화학술원 일본학연구소, 2016.

이원희, 「가지야마 도시유키(梶山季之)와 조선」, 『일본어문학』 제38집, 일본어문학회, 2007.

李元熙, 「고바야시 마사루 문학에 나타난 식민지 조선」, 『日語日文學硏究』 제38집 1권, 한국일어일문학회, 2001.

장세진, 「귀화의 에스닉 정치와 알리바이로서의 미국—'해방' 이후 장혁주의 선택과 「아, 조선(嗚呼朝鮮)」(1952)」, 『현대문학의 연구』 Vol. 45, 한국문학연구학회, 2011.

정미애, 「일본의 단일민족국가관에서 다문화공생으로의 인식변화와 다문화공생의 거버넌스」, 『한국정치학회보』 제45집 제4호, 한국정치학회, 2011.

鄭美愛, 「일본의 외국인 정책과 다문화 공생정책의 간극」, 『의정논총』 제5권 제2호, 한국의정연구회, 2010.

최준호, 「고바야시 마사루의 식민지 조선 인식 -초기 작품들 속의 인물표상을 중심으로」, 『일본어문학』 제48집, 한국일본어문학회, 2011.

崔俊鎬, 「植民地體驗と記憶の形象化—後藤明生『夢かたり』を中心に—」, 『일본어문학』 제50집, 한국일본어문학회, 2011.

平田由美, 「「引揚げ」物語をめぐるジェンダーと言語—後藤明生における過去の表象—」, 『日本學』 第30輯, 동국대학교 문화학술원 일본학연구소, 2010.

하라 유스케, 「그리움을 금하는 것—조선식민자 2세 작가 고바야시 마사루와 조선에 대한 향수」, 『日本硏究』 제15집, 고려대학교 일본연구센터, 2011.

하라 유스케, 「고바야시 마사루(小林勝)와 최규하(崔圭夏)」, 『사이間SAI』 제12호, 국제한국문학문화학회, 2012.

황호덕, 「적대적 공통감각, 민족지의 통국가적 공동상상—가지야마 토시유키 (梶山季之)와 임권택의 〈족보〉에 대하여」, 『比較文學』 Vol. 36, 한국비교문학회, 2005.

단행본

고바야시 마사루 저, 이원희 옮김, 『쪽발이』, 도서출판 소화, 2007.
跨境 日本語文學·文化 硏究會 편저, 『재조일본인 일본어 문학사 서설』, 역락, 2017.
마이클 샌델, 『정의란 무엇인가』, 이창신 옮김, 김영사, 2010.
박광현·신승모 편저, 『월경越境의 기록 —재조(在朝)일본인의 언어·문화·기억과 아이덴티티의 분화』, 어문학사, 2013.
박아청, 『ERIKSON 아이덴티티 論』, 교육과학사, 1988.
부산대학교 한국민족문화연구소, 『부산의 역사와 문화』, 부산대학교출판부, 1998.
신승모, 『일본 제국주의 시대 문학과 문화의 혼효성』, 지금여기, 2011.
이형식 편저, 『제국과 식민지의 주변인 -재조일본인의 역사적 전개』, 보고사, 2013.
David Harvey, 최병두 옮김, 『자본의 한계: 공간의 정치경제학』, 한울, 1995.
Edward W Soja, 이무용 옮김, 『공간과 비판사회이론』, 시각과 언어, 1997.

국외 자료

학술지 논문 및 학위논문

磯貝治良, 「原風景としての朝鮮—小林勝の前期作品—」, 『季刊三千里』 第29号, 三千里社, 1982年春.
磯貝治良, 「照射するもの' されるもの—小林勝の後期作品—」, 『季刊三千里』 第30号, 三千里社, 1982年夏.
磯貝治良, 「朝鮮への愛着と傾ぎ—梶山季之の小説」, 『季刊三千里』 第33号, 三千里社, 1982年夏.
吉田晶子, 「革命家が孵化するとき——崔実『ジニのパズル』· 黃英治『前夜』について」, 『社會評論』 186, 社會評論社, 2016.
朴光賢, 「純血の共同體における「混血兒」」, 『情報文化研究』 第11号, 名古屋大學大學院人間情報學研究科, 2000.
朴裕河, 「小林勝と朝鮮—「交通」の可能性について」, 『日本文學』 第57巻, 日本文學協會, 2008.
安宇植, 「小林勝と朝鮮」, 『戰後文學とアジア』, 毎日新聞社, 1978.
梁禮先, 「湯淺克衛論—生涯と作品」 〈その一〉, 『文學研究論集』第1号, 明治大學大學院文學研究科, 1994.
梁禮先,「湯淺克衛論—生涯と作品」〈その二〉,『文學研究論集』第3号, 明治大學大學院文學研究科, 1995.
梁禮先,「湯淺克衛における戰前・戰後」,『明治大學日本文學』第23号, 明治大學日本文學研究會, 1995.
五木寛之・後藤明生, 「對談 文學における原體驗と方法—朝鮮・ロシア・小說」, 『文學界』1969年4月号, 文藝春秋社.
牛口順二,「梶山季之文學の中の朝鮮」,『季刊三千里』第28号, 1981年冬.
遠藤正敬, 「植民地支配のなかの國籍と戸籍」, 『早稲田政治公法研究』 第68号, 早稲田大學大學院政治學研究科, 2001.
任展慧,「植民者二世の文學—湯淺克衛への疑問」,『季刊三千里』5号, 1976.
中野好夫,「もはや「戰後」ではない」,『文藝春秋』1956年2月号, 文藝春秋社.
川村湊,「小林勝外伝」,『文學界』1996年5月号, 文藝春秋社.

단행본

加藤典洋,『敗戰後論』, 講談社, 1997.
姜尚中,『オリエンタリズムの彼方へ』, 岩波書店, 1996.
高橋哲哉 編,『〈歷史認識〉論争』, 作品社, 2002.
高崎宗司,『植民地朝鮮の日本人』, 岩波書店, 2002.
高尾新右衛門,『元山發達史』, 1916.
南富鎭,『近代文學の〈朝鮮〉體驗』, 勉誠出版, 2001.
東洋拓殖會社社史集 第一巻,『東拓十年史』, 丹精社, 2001(초출 1918).
藤原帰一,『戰争を記憶する 広島・ホロコーストと現在』, 講談社, 2001.
林浩治,『戰後非日本文學論』, 新幹社, 1997.
木村健二,『在朝日本人の社會史』, 未来社, 1989.
文定昌,『朝鮮の市場』, 日本評論社, 1941.
梶山季之,『李朝残影—梶山季之朝鮮小説集』, インパクト出版會, 2002.
梶山季之,『梶山季之傑作集成15 さらば京城』, 桃源社, 1973.
梶山季之,『京城昭和十一年』, 桃源社, 1969.
梶村秀樹,『梶村秀樹著作集 第1巻 朝鮮史と日本人』, 明石書店, 1992.
森崎和江,『慶州は母の呼び声 わが原郷』, 新潮社, 1984.
森崎和江,『ははのくにとの幻想婚』, 現代思潮社, 1970.
森崎和江,『森崎和江詩集』, 思潮社, 2015.
森崎和江,『ささ笛ひとつ』, 思潮社, 2004.

森田芳夫,『朝鮮終戰の記録─米ソ両軍の進駐と日本人の引揚』, 厳南堂書店, 1964.
小林勝,『チョッパリ 小林勝小説集』, 三省堂, 1970.
小林勝,『朝鮮・明治五十二年』, 新興書房, 1971.
小林勝,『小林勝作品集』全 5 巻, 白川書院, 1975-76.
小熊英二,『單一民族神話の起源 〈日本人〉の自画像の系譜』, 新曜社, 1995.
宋基燦, 『「語られないもの」としての朝鮮學校 ─在日民族教育とアイデンティティ・ポリティクス』, 岩波書店, 2012.
外務省調査,『日本人の海外活動に關する歷史的調査』, 大蔵省管理局, 1948-1950.
日本近代文學館 編,『日本近代文學大事典 第二巻』, 講談社, 1977.
日本近代文學館 編,『日本近代文學大事典 第五巻 新聞・雑誌』, 講談社, 1979.
酒井政之助,『水原』, 酒井出版部, 1923.
酒井政之助,『發展せる水原』, 日韓印刷株式會社, 1914.
中根隆行,『〈朝鮮〉表象の文化誌 近代日本と他者をめぐる知の植民地化』, 新曜社, 2004.
池田浩士 編,『カンナニ湯淺克衛植民地小説集』, インパクト出版會, 1995.
真下三朗・饗庭孝男,『新編日本文學史』, 第一學習社, 1994.
川村湊,『戰後文學を問う』, 岩波新書, 1995.
川村湊 編・解說,『李朝残影─梶山季之朝鮮小説集』, インパクト出版會, 2002.
崔実,『ジニのパズル』, 講談社, 2016.
湯淺克衛,『半島の朝』, 三教書院, 1942.
湯淺克衛,『舞姫記 崔承喜の半生』, 文明社, 1947.
湯淺克衛,『對馬』, 出版東京, 1951.
坪井秀人,『戰争の記憶をさかのぼる』, ちくま新書, 2005.
後藤明生,『挟み撃ち』, 河出書房新社, 1973.
後藤明生,『思い川』, 講談社, 1975.
ロビン・コーエン,『グローバル・ディアスポラ』(角谷多佳子 訳), 明石書店, 2001.
V. E. フランクル,『それでも人生にイエスと言う』(山田邦男・松田美佳 옮김), 春秋社, 1993.

Viktor E. FRANKL, …*trotzdem Ja zum Leben sagen*, Deutscher Taschenbuch Verlag, 1998(초출 1947).

기타

『週刊朝日』,『朝日新聞』,『親和』,『改造』,『文藝春秋』,『季刊三千里』,『小說新潮』,『文學界』,『群像』,『新日本文學』,『本』,『思想』,『現代思想』,『창작과비평』,『연합뉴스』 등

Literature and Identity of the Second Generation Japanese Colonizer in Colonial Korea

This book focused on the fact that the second generation of colonizers who returned to Japan from the colony Chosen in August 1945 after the defeat of Japan in the war remembered 'Chosen' in Japan after the post-war period, and how they re-established a relationship between themselves and South Korea and North Korea; thus, the study aimed to review comprehensively the works that they published after the war and their activities and meaning. In particular, this book focused on the literary expressions and activities of authors who were second generation colonizers and did not begin their literary activities until the defeat of Japan in the war because the study determined that their literary expressions had an important meaning as texts that enable the sharing and inheritance of memories about historical experiences between Japanese generations.

In this book, first, the political, social, and literary history context within Japan where they were able to express their experiences and ideologies after the war as second generation colonizers in Japanese society and Korea was reviewed and an analysis of individual works was carried out; therefore, This book identified the context, problems, and development patterns of literature by the second generation colonizers born in Chosen around 1930 including Kajiyama toshiyuki(梶山季之), Kobayasi masaru(小林勝), Goto meisei(後藤明生), Morisaki kazue(森崎和江) with regard to being accepted in Japanese society and literary circles after their appearance in the 1950s. Also, as a case study, the study discussed the case of Kajiyama toshiyuki, who wrote the experience of 'Chosen' as a novel, during the earliest period among the second generation colonizer authors who began literary activities after the war, focusing on his work in which literary materials were concerned with 'Chosen' and work that described the post-war lives of people exposed to radiation in Hiroshima.

Next, In this book, first, the works of Kobayasi masaru and Goto meisei, Morisaki kazue were discussed along with the possibility of making it possible for literature produced by the second generation colonizers from Chosen to share and inherit memories about historical experiences with the post-war generations in Japan, who had not experienced a colony and a war. In addition, the book re-evaluated the historical status and meaning of writing by the second generation colonizer authors from today's perspective and context.

From the above research results produced from this book, while proposing one effective perspective viewing the identity and historicity of literature by the second generation colonizers, this paper will furnish an opportunity for arousing the need for research into the second generation colonizers and the present meaning in both academic circles of Japanese studies and Korean studies in which this theme has not been brought out in a satisfactory manner.

ARI Monograph Series 27

Literature and Identity of the Second Generation Japanese Colonizer in Colonial Korea

First Published 2018
by The Asiatic Research Institute at Korea University
145 Anam-ro, Seongbuk-gu, Seoul 136-701, Korea
www.asiaticresearch.org

아연동북아총서 27

재조일본인 2세의 문학과 정체성

1판1쇄 | 2018년 2월 26일

저자 | 신승모
펴낸이 | 이종화
펴낸 곳 | 아연출판부
등록 | 2000년 5월 24일 제6-376호
주소 | 서울시 성북구 안암로 145 고려대학교 아세아문제연구소(136-701)
전화 | 02-3290-1600 팩스 | 02-923-4661
홈페이지 | www.asiaticresearch.org

값 13,000원

ISBN 978-89-90769-98-5 94300
ISBN 978-89-90769-29-9 (세트)

이 도서의 국립중앙도서관 출판시도서목록(CIP)은 e-CIP 홈페이지(http://www.nl.go.kr/ecip)에서
이용하실 수 있습니다(CIP제어번호: CIP2018005211).